어서 와, '사회적경제'는 처음이지?

어서 와,

사회적경제 는

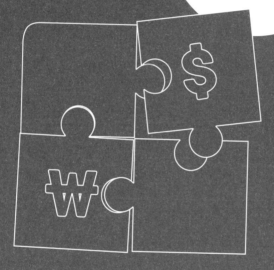

영화와 드라마로
쉽게
이해하기

주수원 지음

처음이지?

이상
북스

대중문화를 통한 스며들기

'사회적경제'라는 말에서 언뜻 사회주의 경제를 떠올리며 경계하는 사람도 분명 있을 것입니다. 그러나 사회적경제는 자유시장 경제를 부정하지 않습니다. 자유시장 경제의 단점을 '사회'를 통해 보완하고자 할 뿐이죠.

그런데 이렇게 얘기하면 또 경제와 사회는 전혀 다른 속성을 갖는데 어떻게 연결되느냐는 물음이 돌아오곤 합니다. 경제는 돈을 많이 버는 데 목적을 두지만, '사회'라고 하면 한 개인의 이익만이 아닌 전체의 이익, 즉 공익을 목적으로 한다고 생각하기 때문이죠. 또 경제활동은 기본적으로 개개인이 중심이 된다는 생각이 저변에 깔려 있기도 합니다.

이 책은 그런 오해를 풀기 위해 '사회적경제'가 무엇인지 최대한 쉽게 잘 와 닿을 수 있도록 영화와 TV 드라마, 소설 등 대중문화와 엮어 이야기를 풀어보았습니다.

다양한 정의

우선 본격적으로 사회적경제를 이야기하기 전에 사회적경제에 대해 정의해봐야겠죠? 그런데 학자들마다 그리고 활동가들마다 사회적경제를 조금씩 다르게 바라보고 있습니다. 공통으로 합의된 부분도 있고 치열하게 논쟁하는 부분도 있답니다. 우선은 단일한 정의를 언급하기보다 몇 가지 정의를 살펴보려 합니다.

- 국가와 시장 사이에 존재하는 조직에 내재된 것으로 사회적 요소와 경제적 요소를 동시에 추구하는 것. (OECD)
- 참여적 경영 시스템을 갖춘 협동조합, 상호공제조합, 사단, 재단 등이 사회적 목적을 추구하기 위한 경제적 활동. (EU)
- 사회적 목적을 달성하기 위해 다음과 같은 6대 원칙에 따라 운영되는 기업의 경제활동. ①구성원·공동체의 필요 충족, ②국가로부터의 자율성, ③민주적 지배구조, ④경제

적 성과 추구, ⑤출자액에 비례한 배당 금지, ⑥해산 시 잔여재산 타 법인 양도 등. (캐나다 퀘백의 사회적경제법상 정의)

- 이윤 창출보다 구성원이나 공공에 대한 공헌을 목적으로 경영의 자율성, 민주적 의사결정, 수익배분에 있어서 자본보다는 사람과 노동을 중시하는 경제. (사회적경제 학자 자크 드푸리니[Jacques Defourny])

- 사회적 목적, 사회적 소유, 그리고 사회적 자본을 구성요소로 하여 자본과 권력을 핵심 차원으로 하는 시장 및 국가에 대한 대안적 자원 배분을 목적으로 삼고, 시민사회 혹은 지역사회의 이해 당사자들이 그들의 다양한 생활세계의 필요들을 충족하기 위해서 실천하는 자발적이고 호혜적인 참여경제방식. (장원봉, "사회적경제[Social Economy]의 대안적 개념구성에 관한 연구: 유럽과 한국의 사례를 중심으로", 한국학중앙연구원, 2006)

- 사회 구성원 간 연대와 협력을 바탕으로 자율적이며 민주적인 조직 운영을 통해 양극화 해소와 공동체 활성화, 국민 삶의 질 향상과 사회 통합, 사회 혁신 등 사회적 가치 실현과 공동체 구성원의 이익을 추구하는 개인과 조직의 모든 경제활동. (국회의원 김영배, 대표발의 "사회적경제 기본법안" 2020년 10월 26일)

같은 말 같기도 하고 전혀 다른 말 같기도 하죠? 하지만 이 책을 끝까지 읽고 나서 다시 이 정의들을 보면 여러 고민 끝에 압축해 표현한 말이라는 것을 알 수 있을 거예요. 처음엔 잘 안 와닿을 수밖에 없어요.

주요 특성

이 책에서는 2017년 10월, 일자리위원회 관계부처 합동으로 발표한 보고서 〈사회적경제 활성화 방안〉에 나와 있는 다음 정의를 토대로 설명해나가려고 합니다.

> '구성원 참여'를 바탕으로 '국가·시장 경계'에서 '사회적 가치'를 추구하는 '경제활동'

앞서 이야기한 것처럼 '사회적경제'라고 했을 때 사회주의 경제로 오해받기도 하고 사회와 경제가 어떻게 연결될 수 있을지 의문을 품는 이들에게 정부 문서가 설득력을 가지기 때문이죠. 또한 여러 차례 '사회적경제' 관련 강의를 진행하며 살펴보니 많은 이들이 가장 명확하게 이해하는 정의였고요.

이 정의는 사회적경제가 다른 경제활동과 다른 세 가지 특성을 가졌다고 밝힙니다. ①구성원 참여를 바탕으로 함. ②국가와 시장의 경계에 위치함. ③사회적 가치를 추구함. 따라서 이 책 역시 이 세 가지 특성에 따라 글을 배치했습니다.

1장에서는 사회적경제에 어떤 구성원들이 참여하는지, 이들의 역할은 무엇이며, 다른 경제활동 주체와 구별되는 특성은 무엇인지에 대해 이야기했습니다.

2장에서는 사회적경제가 국가와 시장의 경계에 위치한다는 의미를 산업혁명 이후의 경제 역사를 되짚으며 살펴보았습니다. 이를 통해 역사 속에서 반복해 논쟁이 되었던, 경제활동의 중심을 국가로 볼 것인지 시장으로 볼 것인지에 대해 생각해볼 수 있을 것입니다.

3장에서는 사회적경제가 추구하고 실현하는 사회적 가치가 무엇인지 명확히 이해할 수 있도록 우리 삶의 영역들에 적용해 알아보았습니다.

이렇게 1장부터 3장까지 사회적경제의 세 가지 특성을 이해한 다음 4장에서는 사회적 기업가 정신을 살펴보며 사회적경제의 대표 조직인 협동조합을 통해 사회적경제의 운영원리를 살펴보았습니다.

이 책의 목적은 여전히 많은 이들에게 생소한 '사회적경제'에 대해 영화와 TV 드라마를 끌어와 조금 더 쉽고 친근하게 설명하는 데 있습니다. 그런 점에서 성인뿐만 아니라 청소년들도 함께 읽을 수 있으면 좋겠다는 바람입니다. 사회적경제를 접하는 이들이 많아지고, 또 이들이 쉽게 이해할 수 있어야 사회적경제의 저변이 넓어질 것입니다. 특히 청소년들에게 사회적경제에 대해 알려주는 일은 중요하고도 꼭 필요한 일이라고 생각합니다.

그리고 '사회적경제'에 대해 좀 더 알아보고 싶은 이들을 위해 글마다 "사회적경제 더 알아보기"를 두어 보다 깊이 있는 이야기를 담아보았는데요. 처음 '사회적경제'를 접하는 독자라면 이 부분을 건너뛰고 책을 다 읽은 다음 궁금한 부분만 들춰볼 것을 권해요. 또 사회적경제에 대해 좀 더 진전된 공부를 하고자 하는 독자들을 위해 "부록"으로 관련 이론서들을 소개했습니다.

영화평론가가 되고 싶었던 꿈을 이렇게 실현할 수 있게 되어 이 책을 작업하는 내내 즐겁고 행복했습니다. 끝으로 부족한 글을 실어주었던 〈이로운넷〉과 〈오마이뉴스〉, 그리고 흩어진 글들을 다시 묶어 책으로 낼 수 있게 해준 이상북스에 감사의 마음을 전합니다.

주수원

차례

1장

구성원의 참여를 바탕으로

사회적경제에 어떤 구성원들이 참여하는지,

이들의 역할은 무엇이며 다른 경제활동 주체와

구별되는 특성은 무엇인지에 대해 살펴보겠습니다.

인정받지 못한 이들의
숨겨진 능력

: 영화 〈머니볼〉

로치데일공정선구자 협동조합의 독특한 선택

최초의 성공한 사회적경제 기업이라고 할 수 있는 영국의 로치데일공정선구자 협동조합은 1844년 설립 당시부터 가입과 투표에 있어 남녀 차이를 두지 않았다. 그리고 1846년 엘리자 브리얼리(Eliza Brierley)가 최초의 여성 조합원이 된다.

영국은 1907년 지방 의회에서 여성의 피선거권을 보장했으며, 1918년에 30세 이상 여성의 참정권을 허용했다. 완전한 보통선거는 1928년의 선거법 개정 결과 21세 이상 모든 남녀에게 선거권이 주어지며 이루어졌다. 이마저도 1914년 제1차 세계대전으로 대부분의 남성들이 전쟁터로 끌려가면서 여성의 사회참여가 늘어난 결과다. 그런 상황에서 협동조합에서는 그보다 무려 80년 전에 여성의 참정권을 보장한 셈이다.

오랜 기간 여성의 사회활동과 경제활동, 정치활동은 금지되어왔다. 이는 여성을 남성보다 못한 존재, 부수적인 존재로 여기는 사상이 뿌리 깊게 박혀 있었기 때문이다. 아리스토텔레스는 여성을 불완전한 남자로 보았고, 칸트는 이성을 적절히 발휘할 수 없는 감정적 존재로 여성을 생각했다. 동양의 유교문화권에서는 결혼하기 전에는 아버지를, 결혼해서는 남편을, 남편이 죽으면 자식을 따라야 한다는 삼종지도(三從之道)를 여성에게 강요했다.

그런데 영국의 로치데일공정선구자 협동조합은 1844년 설립 당시부터 여성의 사회활동과 경제활동, 정치활동을 보장한 것이다. 왜 그랬을까? 단순히 사회적경제 기업은 진보적이어서 양성 평등을 추구하고 정치적으로 올바르기 위해서일까?

사람의 역량에 대한 편견을 부순 영화

그 답을 브래드 피트가 주연을 맡았던 2011년 개봉 영화 〈머니볼〉에서 찾아볼 수 있다. 이 영화는 흥행과 비평에 모두 성공해 제84회 아카데미 시상식에서 작품상과 남우주연상 등 여섯 개 부문 후보에 올랐으며, 영화평론가 이동진은 이 영화를 "내 인생 최고의 야구 소재 영화"로 꼽으며 별 다섯 개 만점에서 별 네 개 반을 주기도 했다.

이 영화는 메이저리그 만년 최하위에 그나마 실력 있는 선수들은 다른 구단에 빼앗기기 일쑤인 오클랜드 애슬레틱스 단장 빌리 빈(브래드 피트 분)에 대한 이야기다.

빌리 빈은 고등학교 시절 잘생긴 얼굴과 뛰어난 운동신경으로 두각을 드러내 여러 구단에서 프로 제의를 받았다. 그는 대학 장학금까지 포기하고 프로 구단에 입단했지만 그 후 제대로 실력 발휘를 하지 못하고 결국 은퇴한다. 당시 모든 스카우터들에게 유망주라는 평가를 받았음에도 프로 구단에서의 결과가 좋지 못했기에 빌리 빈은 기존 스카우트 방식에 대해 의구심을 갖고 있었다.

그러다 예일대학 경제학과를 졸업하고 클리블랜드 인디언스 단장의 특별 보좌역을 맡은 통계 전문가 피터 브랜드(조나 힐 분)을 보게 된다. 그는 기존의 스카우트 방식과 다르게 감이 아닌 오로지 데이터와 통계만으로 선수들의 실력을 평가해 적정한 연봉을 산출하고 있었다. 빌리 빈은 그에게 고등학교 때의 나를 프로로 스카우트했겠느냐고 묻는다. 이에 피터 브랜드는 스타성도 있고 운동신경도 좋지만 냉정하게 생각해 당신을 스카우트하지 않았을 거라고 말한다. 그러면서 당신은 장학금을 받고 대학에 진학하는 게 좋았을 거라고 얘기한다.

빌리 빈 단장은 곧바로 그의 진가를 알아보고 영입한다. 그리고 이전에 중요하게 생각했던 스타성이나 외형 등이 아닌 객관적 실력을 최우선으로 두고 선수들을 선발한다. 출루율 등의 데이터를 기반으로 한 통계에 따라 각 선수의 팀 공헌도를 산출하고, 이러한 기준에 따라 다른 팀에서 사생활 문란이나 잦은 부상, 최고령, 우스꽝스러운 투구 자세 등의 이유로 저평가받거나 퇴출당한 이들을 적극 영입한다. 이런 방식으로 구단의 열악한 재정에도 불구하고 실력이 뛰어난 선수들을 대거 영입한다. 모두가 미친 짓이라며 그를 비난하고 초반에는 엇박자도 났지만 선수들은 결국 진가를 발휘해 오클랜드 애슬레틱스는 승승장구하게 된다.

아쉽게도 우승까지는 하지 못하지만, 실패로 의기소침한 빌리 빈 단장에게 보스턴 레드삭스의 구단주는 거액의 스카우트 제안을 한다. 우승하지 못한 자신을 왜 스카우트하려는지 묻자 구단주는 이렇게 대답한다.

4100만 달러(약 537억 원) 예산으로 당신은 플레이오프에 진출했어. 유명 선수들이 떠난 상태에서 시즌을 시작했지만 그들이 있을 때보다 오히려 두 게임을 더 이겼지. 당신은 뉴욕 양키스 팀과 같은 승수를 올렸어. 양키스가 1승당 140만 달러(약 15억 6천만 원)를 썼다면, 당신은 76만 달러(2억 9천만 원)밖에 쓰지 않았어.…관행에 대한 도전이 있을 때마다 어느 곳에서나 기득권을 잡고 있는 사람들은 두려움에 미쳐 날뛰게 되어 있지. 하지만 이제 누구라도 당신 방식처럼 완전히 새롭게 하지 못하면 퇴출당할 수밖에 없어. 당신은 이미 야구의 판도를 바꿔냈다고.

2002년 오클랜드 애슬레틱스의 성공 신화는 야구계에만 머무르지 않고 기업의 경영에서도 신선한 자극이 되었다. 이 영화의 원작인 마이클 루이스(Michael Lewis)의《머니볼》은 빌리 빈과 오클랜드 애슬레틱스의 성공 이야기에 경영학적 분석을 더한 책으로, 2003년 출간 이후 8년 연속 아마존닷컴과 〈뉴욕타임스〉 베스트셀러로 야구계뿐만 아니라 미국 최고경영자들의 필독서였다.

아웃사이더들의 힘 모아내기

이제 다시 앞에서의 질문으로 돌아가보자. 영국의 로치데일공정선구자 협동조합이 1844년 설립 당시부터 여성의 사회활동과 경제활동, 정치활동을 보장한 것도 같은 맥락이다.

영화 속 스카우터들의 판단은 불합리하다. 투구 자세가 이상하면 객관적 기록이 높아도 제대로 된 연봉을 책정하지 않는다. 그런데 이는 야구계에서만 일어나는 일은 아니다.

우리 사회에는 충분히 일할 능력이 있고 의지가 있음에도 기회를 갖지 못하는 이들이 많다. (흔히 경력단절여성이라고 하는)경력보유여성, 장애인, 노인 등이다. 사회적경제는 이들을 단순히 도와주어야 할 대상으로 보지 않는다. 사회적경제는 그동안 사회에서 눈여겨보지 않은 이들에게 능력을 발휘할 수 있는 기회를 준다. 빌리 빈 단장이 오로지 야구 실력만을 기준으로 저평가된 선수들을 모아 팀을 새롭게 만들어낸 것처럼, 사회적경제 기업 역시 사회에서 제대로 평가받지 못한 이들을 그들의 업무상 능력만으로 다시 모아낸다.

물론 동일 직종 종사자보다 임금이 낮을 수도 있다. 하지만 아예 일할 기회가 없거나 턱없이 낮은 임금을 감수하고 일하는 대신 '적정한 임금'을 받고 일할 수 있다는 데 의의가 있다. 선입견이 아닌 시장에서의 객관적 평가에 따른 임금을 받을 수 있도록 하는 셈이다. 정부에서 경력보유여성, 장애인, 노인 등의 취업 지원에 많은 예산을 할애하고 있으므로, 사회적경제 기업은 이들을 적극 고용해 사회적 가치를 만들어내면서 정부로부터 교육·훈련 비용 및 고용에 대한 일정한 보조도 받을 수 있다.

사회적경제는 차별 철폐를 위해서만이 아니라 악습과 사회석 편견으로 인혜 경제활동에 제대로 참여하지 못했던 이들을 영입함으로써 기존 경제활동의 낭비를 줄이고 사회적 효용성을 높인다. 사회적경제를 마냥 따뜻한 경제, 베푸는 경제, 복지활동으로만 생각할 수 있는데, 이는 일면일 뿐이다. 물론 영화 속 보스턴 레드삭스의 구단주가 얘기한 것처럼, 관행에 대한 도전이 받아들여지기까지는 많은 노력과 시간이 필요하다. 하지만 수많은 사회적경제 기업들이 결과로서 입증해나가고 있다.

로치데일공정선구자 협동조합의 역사

국제협동조합연맹(International Cooperative Alliance, ICA) 정의에 따르면, 다음과 같이 협동조합을 정의할 수 있다.

공동으로 소유되고 민주적으로 운영되는 사업체를 통하여 공통의 경제적·사회적·문화적 필요와 욕구를 충족시키고자 하는 사람들이 자발적으로 결성한 자율적인 조직.

여기서 세 가지 키워드를 뽑아 '공통의 필요'(목적), '공동의 사업'(수단), '규칙 있는 모임'(운영원리)으로 설명하면, 협동조합은 '공통의 필요를 사업을 통해 이뤄내는 규칙 있는 모임'이다. 규칙 있는 모임은 결사체(association)이므로 협동조합은 공통의 필요로부터 시작된 사업체이자 결사체다.

이렇게 보면 협동조합은 서문에서 살펴본 사회적경제의 정의인 "구성원 참여를 바탕으로 국가–시장 경계에서 사회적 가치를 추구하는 경제활동"과 일맥상통한다고 할 수 있다. 당연하다. 협동조합으로부터 사회적경제가 시작되었기 때문이다.

등장 배경

협동조합의 출발점을 간략히 살펴보자. 1799년 로버트 오웬(Robert Owen)은 뉴 라다크 방직공장의 경영을 맡아 노동자들이 협동으로 자립하는 대안경제 공동체를 만들어갔다. 노동자들 스스로 생산관리를 하는 가운데 유치원, 학교, 매점 등 노동자 복지시설을 갖췄는데, 이를 통해 노동자들의 생산능력이 높아져 임금도 올라가고 고품질 제품을 생산하여 높은 수익을 창출할 수 있었다. 이러한 로버트 오웬의 시도와 사상은 협동조합 운동으로 이어졌다. 1830년대 로치데일에서는 오웬주의(Owenism, 노동자 계급의 빈곤과 정신적 타락의 원인을 자본주의 체제 자체의 문제점에서 찾고 노동시간의 제한을 주요 내용으로 하는 노동 입법과 국민교육제도를 실현시킴으로써 노동자의 협동조합적 사회 조직을 수립하려는 오웬의 사상 체계) 모임이 생겨났고 매주 오웬주의에 대한 강연회가 열렸다.

그리고 1844년 최초의 성공한 협동조합, 그렇기에 최초의 성공한 사회적경제 기업이라고 할 수 있는 영국의 로치데일공정선구자 협동조합이 맨체스터의 작은 마을 토드레인에서 시작되었다.

맨체스터는 산업혁명의 발상지이자 중심 도시다. 18세기에 들어서서 방적 및 직조 기계가 발명되자 풍부한 수력과 방적에 알맞은 습윤한 기후를 이용해 면공업이 크게 발전했다. 산업혁명 이후 1830년에 철도가 개통되었고 식품·기계·화학·전자 등 각종 산업도 발달했다.

하지만 농민들은 산업혁명으로 인해 노동자가 되어 경제가 열악해지면 해고되고 호황이면 더욱 강도 높은 노동을 해야 하는 이중의 고통을 받았다. 일자리를 찾지 못해 굶는 경우가 허다했고 질 낮은 음식을 파는 이들에게 빚을 지기도 했다.

성공한 협동조합의 시작[1]

가난한 노동자들은 협동조합 방식을 통해 제대로 된 식품을 합리적인 가격으로 구매할 수 있는 상점을 만들고자 했다. 스물여덟 명의 노동자가 1주일에 2펜스씩 1년 동안 1파운드, 총 28파운드의 자본을 모았다. 이렇게 해서 1주일에 세 차례, 밤에만 개장하는 점포가 1844년 12월 21일에 문을 열었다. 버터 25kg, 설탕 25kg, 밀가루 여섯 봉지, 곡물가루 한 봉지, 양초 스물네 개가 진열된 상품의 전부였다.

바로 로치데일공정선구자 협동조합이다. 처음에는 '낡아빠진 매장'

맨체스터 토드레인의 로치데일공정선구자 협동조합 매장 자리에 있는 기념관 내부 모습. ⓒ주수원

이라고 비웃음을 샀지만 점차 새로운 거래 원칙을 확립해갔다. 당시 노동자들의 생활을 더욱 비참하게 만든 외상 거래를 완전히 없애고 오로지 현금 거래만 하도록 했으며, 완전한 무게를 측정해 상품을 제공함으로써 공정거래를 정립했다.

그렇게 함으로써 점차 조합원 수가 늘었고 1856년에는 1호 지점을 내게 되었다. 1875년에는 제16호 지점을 내면서 협동조합으로서 사업을 성공적으로 할 수 있음을 증명했다. 로치데일공정선구자 협동조합의 주요 지표를 살펴보면, 1891년 총조합원 수 1만 1647명, 출자금 37만

792파운드, 매출 29만 6025파운드, 이자를 포함한 이윤 5만 2198파운드에 이른다.

로치데일공정선구자 협동조합의 지향점과 운영원리는 오늘날 '협동조합 7원칙'의 기원이 된 다음의 '로치데일공정선구자 협동조합 운영원칙'에 잘 담겨 있다.

로치데일공정선구자 협동조합 운영원칙(1860)

1. 자본은 조합원 스스로 제공해야 하며, 고정 이자율을 따른다.

2. 입수 가능한 가장 순수한 상품만 조합원에게 제공해야 한다.

3. 완전한 무게를 측정해 상품을 제공해야 한다.

4. 시장가격으로 청구하고, 어떤 외상도 주거나 받아서는 안 된다.

5. 이윤은 각 조합원이 구매한 양에 따라 배분한다.

6. 경영에서 '1인 1표' 원칙과 조합원 성별 평등을 준수해야 한다.

7. 정기적으로 선출되는 임원과 위원회가 경영해야 한다.

8. 이윤의 일정 비율은 교육에 배당해야 한다.

9. 조합원에게 자주 지출보고서와 대차대조표를 보고해야 한다.

또한 이들은 로버트 오웬의 사상에 영향을 받아 교육에도 많은 노력을 기울였다. 도서실과 신문열람실, 청년들을 위한 각종 학교를 운영해 조합원들이 학습할 수 있도록 했다. 이는 조합을 처음 만들 때부터 잉여금의 2.5%를 교육기금으로 적립하도록 했기 때문에 가능한 일들이었다. 조합의 신문열람실은 잘 갖추어져 있었으며 도서실에는 2,200여 권의 양서가 있었다. 조합원은 하루 열두 시간 무료로 이용할 수 있었다.

처음 스물여덟 명의 선구자들이 있었기에 로치데일공정선구자 협동조합이라는 대안적 경제 공동체가 지속될 수 있었고, 그것이 지금 사회적경제의 흐름까지 이어지고 있다.

사회적경제에서 구성원들이
참여하는 이유

: 영화 〈어벤져스〉

나와 너의 불편함을 함께 해결해가는 것

사회적경제 기업은 기업으로서 경제적 이익만이 아니라 사회적 가치도 동시에 추구한다. 즉 정부의 보조나 시민들의 후원에만 기대지 않고 시장에 상품과 서비스를 공급하는 엄연한 기업체로서 경제적 이익을 추구하며 지속가능한 경제적 활동을 한다. 그러면서도 일반 기업과 달리 사회적 가치도 추구해 기존 사회 서비스 개선, 취약계층 일자리 창출, 지역공동체 상생 등에 기여한다.

정부의 손길이 닿지 않지만 사회적으로 수요가 있는 영역에서 투자자들의 이윤을 추구하는 주식회사로서는 실행하기 어려운 사회적 가치를 실현함으로써, 사회적경제 기업은 우리 사회가 마주한 여러 문제를 새로운 방식으로 해결해갈 수 있다.

이렇게 얘기하고 나면, 취약계층도 아니고 도움을 받아야 할 대상도 아닌 사람들은 사회적경제 기업이 자신과는 무관하다고 생각할 수 있다. 봉사활동처럼 생각되기 때문이다.

그러나 우리 모두 사회적경제에서 주요하게 다루는 문제들로부터 자유롭지 않다. 비장애인 입장에서 '장애' 문제는 멀게만 느껴진다. 하지만 우리는 갑작스러운 사고를 당하지 않더라도 나이가 들면 신체적 기능이 손상되어 정도 차이는 있지만 저마다 장애를 갖게 된다.

독거노인 문제는 또 어떤가. 통계청에 따르면 65세 이상 독거노인은 2010년 105만 6000명에서 2018년 140만 5000명으로 33% 증가했다. 독거노인들은 경제적 어려움과 건강 문제 외에도 사회적 고립감으로 인해 우울증에 시달린다. 보건복지부의 "2019년 자살예방백서"에 따르면, 노인 자살률(2016년 기준)은 OECD 국가 평균(18.8명)보다 세 배 정도 높은 58.6명으로, OECD 회원국 25개국 중 우리나라가 1위였다. 이런 상황에서 연구자들은[2] 지역사회 공동체 의식이 독거노인의 우울감과 불안감을 누그러트려 근린 지역에서 사회적 관계를 맺게 하고, 주민으로서의 의식을 공고히 하며, 왕성하게 사회참여를 할 수 있도록 촉진한다고 본다. 지역사회 공동체 의식은 지역적인 경계나 근린 지역을 기반으로 하는 정서적 유대감을 뜻하는데, 이는 사회적경제를 통해 이루어지는 공동체 활동과 연결될 수 있다.

결국 사회적경제는 내가 겪는 불편함을 타인도 겪고 있다면 이를 모아 경제적인 방식으로 함께 풀어보자는 것이다. 이런 예는 어떤가? 도시에서 귀농한 이들은 처음에 농업기술이 부족해 어려움을 겪는다. 귀농하기 전에 미리 공부도 하고 준비도 했지만 해당 지역의 토양이나 날씨에 대한 경험적 지식이 부족하기 때문이다. 그런데 가만 보니 이 지역에 정착해 사는 농민들은 생산은 열심히 하는데 판매에 어려움을 겪고 있다. 귀농인은 농민들에게 기술 이전을 부탁하며 협력해 생산하자고 제안한다. 더불어 귀농인은 도시에 사는 지인들에게 농산물 직거래를 제안한다. 이렇게 해서 귀농인은 농업기술을 이전받고, 기존 농민들은 새로운 판매처를 확보하며, 도시의 소비자들은 안심할 수 있는 먹거리를 적정 가격에 구매할 수 있게 된다.

이렇게 사회 구성원들이 참여해 서로의 불편함과 어려움을 해결하면서 모두에게 도움이 될 수 있는 경제활동을 하는 것이 사회적경제다.

서로의 부족함을 채워주며 공동의 문제 해결

조금 더 와닿을 수 있도록 근 10년 동안 블록버스터를 휩쓸고 있는 슈퍼 히어로 영화를 예로 들어보자. 마블 스튜디오에서는 2008년 〈아이언맨〉을 시작으로 당시에는 획기적인 아이디어였던, 여러 슈퍼 히어로가 공동의 세계관을 공유하는 이른바 '마블 시네마틱 유니버스'를 진행한다. 2008년 〈인크레더블 헐크〉, 2011년 〈토르〉와 〈캡틴 아메리카〉가 차례차례 선보였지만 〈아이언맨〉을 제외하고는 썩 인기가 좋지 않았다.

상황이 바뀌게 된 계기는 2012년에 개봉한 〈어벤져스〉였다. 금발의 백치미를 자랑하는 토르를 좋아하는 관객도 많지만 시종일관 우직하게 행동하는 토르가 썩 매력적이지는 않았는데 지적이면서도 냉소적인 아이언맨과 같이 있으니 합이 잘 맞았다. 요새 말로 티키타카가 되었다. 마찬가지로 캡틴 아메리카도 너무 고지식한 모범생 캐릭터였는데 다른 이들과 합쳐놓으니 신념 있는 리더로서 매력을 선보였다.

이후 〈가디언즈 오브 갤럭시〉 〈앤트맨〉 〈닥터 스트레인지〉 〈스파이더맨〉 등이 추가되었는데, 중간중간 〈어벤져스〉 시리즈를 내면서 이들 캐릭터가 함께 모여 공동의 이야기를 만들어가고 서로의 '케미'를 쌓아 한층 매력을 높였다. 그렇게 함으로써 개별 캐릭터들도 더욱 입체적이 되어 단독 슈퍼 히어로 영화들의 재미도 높아졌다.

사실 요즘 같은 시대에 한 사람이 모든 것을 다 할 수는 없다. 미국 히어로 영화만의 이야기가 아니라는 말이다. 쉽게 아이돌 그룹을 예로 들 수 있겠다. 요즘 아이돌 그룹은 노래만이 아니라 춤과 예능, 연기 등 다양한 분야에서 재능을 발휘해야 한다. 그래서 팔방미인보다는 어느 한 분야에서 재능과 매력을 보이는 이들을 모아 아이돌 그룹을 만든다. 기업 역시 협업을 통한 시너지에 주목하며 팀플레이를 잘하는 인재를 선호한다.

이제 서문에서 언급한 사회적경제 정의 세 가지에서 굵은 글씨로 강조한 부분을 유의하며 읽어보자.

- 사회적 목적을 달성하기 위해 다음과 같은 6대 원칙에 따라 운영되는 기업의 경제활동. ①**구성원·공동체의 필요 충족**, ②국가로부터의 자율성, ③민주적 지배구조, ④경제적 성과 추구, ⑤출자액에 비례한 배당 금지, ⑥해산 시 잔여재산 타 법인 양도 등.
- 이윤 창출보다 **구성원이나 공공에 대한 공헌**을 목적으로 경영의 자율성, 민주적 의사결정, 수익배분에 있어서 자본보다는 사람과 노동을 중시하는 경제.

- 사회적 목적, 사회적 소유, 그리고 사회적 자본을 구성요소로 하여, 자본과 권력을 핵심 차원으로 하는 시장 및 국가에 대한 대안적 자원배분을 목적으로 삼고, **시민사회 혹은 지역사회의 이해 당사자들이 그들의 다양한 생활세계의 필요들을 충족**하기 위해서 실천하는 자발적이고 호혜적인 참여경제방식.

처음에 읽었을 때보다 훨씬 이해하기 쉬울 것이다. 사회적경제는 혼자서는 할 수 없는 공동의 필요를 충족시키는 데 목적을 두고 있다. 특히 사회적경제를 통해 우리는 돌봄, 의료, 생필품 구매 등 "다양한 생활세계의 필요들을 충족"해나갈 수 있다.

상호 신뢰와 호혜를 바탕으로 한 거래

이처럼 사회적경제는 나와 너의 생활상의 필요에서부터 시작하는 것이다. 따라서 나의 필요와 욕구에 충실하다는 점에서 이기적일 수 있고, 다른 사람과 접점을 찾고 공동체 경제를 만들어간다는 점에서 이타적일 수도 있다. 어쨌든 개인적 이해관계에서부터 출발한다고 할 수 있다.

잘 알다시피 애덤 스미스(Adam Smith)는 "우리가 저녁을 먹을 수 있는 것은 푸줏간 주인, 양조장 주인, 혹은 빵집 주인의 자비심 덕분이 아니라 자신의 이익을 추구하려는 그들의 욕구 때문"이라고 말하면서 인간의 이기심을 통한 시장경제 원리를 설명했다. 다만 애덤 스미스가 보지 못했던 부분은 이익을 추구하려는 우리의 마음이 이타심과도 맞물려 이뤄지는 경우가 많다는 점이다. 생활 속에서 예를 들어보자.

겨우살이 채비를 위해 김장을 하는 경우를 생각해보자. 수십 포기에 달하는 배추를 소금에 절이고 씻어 양념을 버무리는 일들을 도저히 혼자서는 하기가 어렵다. 이때 동네에 "0월 0일 시간당 1만 원을 받고 김장할 사람을 모집합니다"라고 광고를 붙일까? 대부분 그렇게 하지 않는다. 동네 아는 사람들이나 가족 또는 친구들에게 김장하는 것을 도와달라고 요청한다. 이럴 때 사람들은 왜 도와줄까? 이타적인 마음 때문만은 아니다. 내가 그 집 김장하는 것을 도와주면 김치를 현물로 얻을 수도 있고, 내가 김장할 때 품앗이로 도움을 받을 수도 있기 때문이다. 돈이 오가지는 않지만 생산이 이뤄지는 경우다. 육아 품앗이, 공부 품앗이 등 이런 일들은 우리 주변에서 많이 찾아볼 수 있다.

결혼식 축의금은 어떤가? 축의금을 받으며 "000와 000의 신혼부부 펀드에 가입해주셔서 감사합니다. 이 부부가 5년 동안 헤어지지 않을 경우 연 5%의 이자를 가산해 돌려주고, 도중에 헤어지거나 돈을 돌려받고자 할 경우에는 연 2%의 이자를 가산해 환급해드립니다"라고 할까? 아니다. 대개는 나의 경조사 때에도 도움을 받을 수 있으리란 기대를 품고 부조를 한다. 이는 '선물경제'(gift economy)로서, 재화를 선물로 나누어줌으로써 물질적 필요를 충족하는 경제다.

시장의 구성원들은 타인과의 상호 신뢰와 호혜에 기반하여 다양한 방식으로 자신의 욕구를 충족한다. 애덤 스미스가 언급한 자유주의 시장경제는 전체 시장경제의 한 부분일 뿐이다.

자신의 필요에서 시작해 타인과 접점 만들기

끝으로 개인적 이해관계를 바탕으로 성장해갔던 아이언맨 이야기를 하고 싶다. 처음 등장한 〈아이언맨〉(2008)에서만 해도 그는 자기 잘난 맛에 살아가는 이기적인 공학 천재 대부호에 불과했다. 하지만 〈어벤져스 1〉(2012)에서 자신과는 다른 능력을 가진 히어로들과의 협업을 통해 시너지를 경험한다. 또 〈어벤져스 2: 에이지 오브 울트론〉(2015)에서는 자신의 독단적 결정과 행동이 낳을 수 있는 문제점을 깨닫는다. 이런 과정을 겪은 후 〈캡틴 아메리카 3: 시빌 워〉(2016)에서 슈퍼 히어로들에 대한 공공의 통제에 찬성하는 입장에 서면서 캡틴 아메리카와 대립한다. 자기밖에 몰랐던 아이언맨이 다른 사람을 둘러보게 되고 심지어 자신의 힘이 타인에 의해 통제되는 선택까지 하게 되는 것이다. 그런 과정이 있었기에 〈어벤져스 4: 엔드게임〉(2019)에서 그의 희생은 자연스러웠다. 작게는 그의 딸과 아내를 살리기 위해, 더 크게는 그가 사랑하는 모든 사람을 위해 자신의 운명을 받아들인 것이다.

사회적경제 역시 이타적으로만 접근할 필요는 없다. 캡틴 아메리카와 같이 대의를 위해 노력하는 사회적경제 구성원도 있지만, 내가 만난 많은 이들은 대개 아이언맨과 같은 이야기를 가지고 있었다. 자신의 필요에서부터 시작해 타인과 접점이 만들어지고, 그렇게 차츰 사회에 대한 시선이 넓어지는.

경제의 사회적 속성

경제의 원 의미

사회적경제는 '사회'와 '경제' 두 가지 속성을 모두 가지고 있다. 그런 점에서 사회적경제를 가장 쉽게 설명한다면 '사회를 바탕으로 하는 경제' '사회적 가치와 경제적 가치를 동시에 추구하는 경제'라고도 할 수 있을 것이다.

사실 기존 경제에 대한 정의에도 이러한 사회 및 공동체 속성이 포함되어 있다. 먼저 동양의 경제(經濟)라는 말은 '경세제민'(經世濟民)에서 나온 것인데, '세상을 다스리고 백성을 구제한다'는 뜻이다. 서양도 비슷해서 경제학을 뜻하는 'economics'는 그리스어로 집(*oikos*)과 관리(*nomos*)가 합쳐진 오이코노미아(*oikonomia*)에서 비롯되었다. 즉 '가족 살림살이 관리'라고 할 수 있다. 오늘날 2–3인 핵가족을 생각하면 작은 소비주체로 생각할 수 있지만, 과거 농경사회에서는 3–4대에 걸친 가족과 노예까지 포함한 대가족이었다. 따라서 농산물이 생산되고 소비되는 자급자족 살림살이 공동체였다.

결국 경제란 단어에는 동양의 '세상'부터 서양의 '가족'까지 크고 작은 살림살이 공동체의 의미가 담겨 있다고 할 수 있다. 오히려 현대에 와서 경제의 사회적 맥락이 줄어들고 개별화된 경제 주체의 의미가 주가되었다.

사회적경제는 경제의 이러한 사회적 속성을 좀 더 강화시킨 경제다. 지역사회와 어려움을 겪고 있는 공동체 구성원들이 함께 어우러지는 경제활동으로서, 이는 현대사회만이 아니라 이전의 경제활동에서도 많이 찾아볼 수 있다.

공동체를 통한 경제 문제 해결

공동체를 통해 여러 가지 경제 문제를 해결할 수 있다. 2009년 여성으로는 최초로 노벨경제학상을 받은 엘리너 오스트롬(Elinor Ostrom)[3]은 경제학의 중요한 난제인 '공유의 비극'에 대해 시장과 정부가 아닌 공동체를 통한 해결책을 보여주었다.

'공유의 비극'은 목초지, 공기, 호수와 같이 공유하며 사용하는 자원이 시장에 맡겨지면 남용되어 고갈될 위험이 발생하는 현상이다. 이와

스웨덴 스톡홀름에 있는 왕립과학원 베이저홀에서 노벨상 기자회견하는 모습. ©Prolineserver 2010/Wikipedia/Wikimedia Commons/CC BY-SA 3.0

같은 공유자원은 시장에서 가격이 책정되어 있지 않기에 개인들이 무료로 마음껏 사용하며 보존하지 않기 때문이다. 따라서 오늘날 정부에서는 그린벨트를 만들어 녹지를 보존하고, 공장에 대해서는 환경 규제를 하며, 어획량을 제한해 수산자원의 고갈을 막는 등 공유자원 보존을 위해 다차원의 노력을 한다.

　하지만 정부가 이렇게 일률적으로 규제할 경우 개별적·지역적 특성이 모두 반영되기 어려울 수 있다. 엘리너 오스트롬은 정교한 조업 규칙으로 어장을 관리하는 터키의 어촌, 방목장을 함께 쓰는 스위스의 목장지대 등 오랜 세월 동안 공유자원을 잘 관리해온 공동체들을 제시하고,

이를 통해 공유의 비극에 대한 공동체 경제의 해결 방식을 입증했다. 이 것은 공동체 구성원들이 함께 규칙을 만들고 공유자원을 공동으로 소유 하는 마음으로 공동 운영해나가는 방식으로서, 사회적경제와 일맥상통 하는 부분이 많다고 할 수 있다.

사회적경제의 기반이 되는
마을 공동체

: TV 드라마 〈동백꽃 필 무렵〉

마을이 세계를 구한다

사회적경제의 기반은 지역이며, 지역의 공동체적 속성을 강조하기 위해 '마을'이란 말을 많이 사용한다. 마을을 기반으로 하여 공동체 방식으로 경제활동을 하기에 마을경제공동체라고 할 수 있다. 마을을 기반으로 공동체 방식으로 교육활동을 한다면? 마을교육공동체가 된다.

기존의 재개발(젠트리피케이션[gentrification]을 유발하는 기존의 재개발을 '둥지 내몰림 현상'이라고도 하는데, 도심 인근의 낙후지역이 활성화되면서 외부인과 돈이 유입되고 임대료 상승 등으로 원주민이 밀려나는 현상이다)과

다르게 마을 기반으로 낙후된 주택을 수리해 원래 살던 주민이 계속 머무를 수 있도록 하는 방식을 도시재생이라고 한다. 마을을 기반으로 주민들이 하는 정치활동은 주민자치. 이렇듯 바야흐로 마을의 시대다.

일찍이 간디는 '마을이 세계를 구한다'라고 했다. 마을 하나하나가 독립적인 '마을공화국'이 되는 것이다. 영국에서 독립할 당시 인도 전역에는 70만 개의 마을이 있었으며, 간디는 이들 마을이 각기 자급자족하며 느슨하게 연결되어 서로 협력하는 세상을 꿈꾸었다. 작은 마을이야말로 진정한 민주주의를 바탕으로 지속가능한 성장을 이룰 수 있다고 보았기 때문이다.

세계화의 흐름 속에 잊혀졌던 마을이 2000년대 들어서 다시금 주목받기 시작했다. 특히 2008년 글로벌 금융위기 속에서 스페인의 몬드라곤, 캐나다 퀘백주의 크고 작은 여러 협동조합과 같은 지역 단위 경제 공동체의 회복력에 주목하게 되었다. 우리나라에서도 지역 기반 공동체 운동의 흐름을 바탕으로 2010년부터 당시 행정안전부의 '자립형 지역 공동체 사업' '지역 공동체 일자리 사업' '마을기업' 정책이 시행되었다. 지역의 다양한 자원을 활용해 일자리를 창출하고 복지를 제공하는 등 지역의 문제를 해결하면서 지역 공동체를 회복하자는 움직임이었다.

편견·폐쇄·온정·오지랖 복합적 마을

그런데 마을이 참 잘 와닿지 않는다. 아파트뿐만 아니라 다세대주택에 살면서도 옆집에 누가 사는지 잘 모르는 경우가 많다. 고독사를 한 달이 지나고서야 발견하게 되는 이유다. 각각의 집들이 고립된 섬처럼 존재할 뿐이다.

그런 점에서 공효진과 강하늘 주연의 TV 드라마 〈동백꽃 필무렵〉(2019)은 마을의 의미를 되새길 수 있는 값진 교재라고 할 수 있다. 이 드라마는 미혼모 오동백(공효진 분)이 어촌 옹산으로 이사 와 파출소 순경 황용식(강하늘 분)과 만나 로맨스를 키우는 이야기를 중심으로 두고 연쇄살인범 까불이를 동네 사람들이 함께 잡는 스릴러를 혼합하고 있다. '촌므파탈' 황용식과 은근 '걸크러쉬' 오동백의 로맨스가 달콤한 맛을, 연쇄살인범 까불이의 어두운 분위기가 쌉싸름한 맛을 만들어내는 웃음과 슬픔이 가득한 드라마다. 이 드라마는 최고 시청률 23.8%를 기록하며 2019년 〈KBS 연기대상〉에서 12관왕이라는 진기록을 세웠다.

재미난 점은 옹산이 마냥 아름답게만 그려지지는 않는다는 점이다. 드라마 초반에는 미혼모 오동백에 대한 편견과 차별, 배제가 가득한 폐쇄된 그들만의 공동체로 나온다. 하지만 동백이는 서서히 옹산에 스며들고, 마지막 회에 이르러서는 동백의 어머니 신장수술을 위해 모두가 나서서 도와줄 정도가 된다. 앞서 마을 주민들이 동백이에 대해 시시콜콜 트집 잡는 오지랖을 부렸다면 나중에는 마음을 열고서 도움을 주는 오지랖을 부린다. 이 변화의 과정은 동백이의 마지막 내레이션에 잘 나와 있다.

> 내 인생은 모래밭 위 사과나무 같았다.
>
> 파도는 쉬지 않고 달려드는데,
>
> 발밑에 움켜쥘 흙도,
>
> 팔을 뻗어 기댈 나무 한 그루가 없었다.
>
> 이제 내 옆에 사람들이 돋아나고,
>
> 그들과 뿌리를 섞었을 뿐인데,
>
> 이토록 발밑이 단단해지다니.
>
> 이제야 곁에서 항상 꿈틀댔을
>
> 바닷바람, 모래알,
>
> 그리고 눈물 나게 예쁜 하늘이 보였다.
>
> 사람이 사람에게 기적이 될 수 있을까.

마을 공동체를 통한 경제 효과

이처럼 마을 공동체는 다양한 모습을 지니고 있다. 현재의 흐름 역시 정부가 모든 것을 다 하기보다는 다양한 사회문제를 지역 주민들이 공동의 마을 자원을 바탕으로 풀어가는 쪽으로 가고 있다. 이러한 흐름 속에서 지방자치단체마다 다양한 마을공동체사업을 펼쳤다. 서울시 마을공동체사업을 살펴보면, 2016년까지 13만 명, 서울 인구의 약 1%가 마을 만들기 사업에 참여하거나 관심을 표명했다.

이러한 마을활동은 어떤 경제적 효과를 낳을까? 새로운사회를여는연구원의 강세진 박사는 1천만 원을 지원하면 약 5600만 원의 사회·경제적 효과가 발생한다고 분석했다. 강 박사에 따르면, 마을 공동체를 이루는 요소(주민, 커뮤니티 공간, 마을 협력체, 내부·외부 업체)가 상호 연결되면서 마을 관계망이 형성된다. 이 관계망 속에서 주민들은 마을살이의 제공자 겸 참여자가 되고, 이들 사이에 우호적이거나 비경제적인 거래가 이루어진다. 마을 내부·외부 업체의 매출 증대, 주민소득 증대, 주민들이 마을활동에 참여하는 시간 등을 포함할 때, 처음 투입된 자원 대비 5.6배의 효과를 거두게 된다는 것이다.

마을 공동체는 이처럼 다양한 측면의 경제 효과를 거둘 뿐만

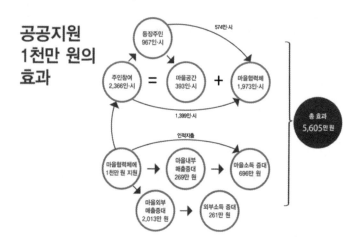

서울시 마을공동체 사업의 사회·경제적 효과(출처: 서울시마을공동체종합지원센터).

아니라 사회적경제 기업으로 연결되는 경우가 많다. 마을 공동체 활동이 규모 있고 체계화되면서 각종 경제 행위와 결합되기 때문이다. 또한 마을공동체사업비는 초기 활동을 촉진하는 마중물 차원의 금액이므로, 시간이 지나면서 자립경제 공동체를 만들어야 한다.

이렇게 되면 일과시간 이후의 만남이나 자원봉사만으로는 꾸려가기 어려운 규모가 되어 사업을 기획하고 관리할 상근자가 필요하게까지 된다. 이렇듯 관계를 기반으로 시작한 마을활동은 마을의 소비 및 생산과 결합되며, 지역사회가 운영하는 경제 공동체로서 사회적경제와 연결된다. 마을카페, 마을식당 등이다.

또한 마을의 문제를 해결하는 과정에서 사회적경제가 등장하기도 한다. 예를 들어 인구가 적어 키즈카페가 들어오지 않은 마을에서 부모들이 돈을 모아 공동으로 운영하는 키즈카페를 만들어 함께 돌봄을 하는 방식이다.

대부분의 사회적경제도 마을 주민들이 '우리의 문제를 어떻게 해결할까' 경제적 해법을 찾는 과정에서 시작되었기에 마을 공동체와 사회적경제의 흐름은 자연스럽다. 나와 같은 필요를 느끼는 이들을 멀리서가 아니라 바로 내가 살고 있는 주변, 즉 마을에서 찾을 가능성이 크기 때문이다. 이처럼 사회적경제를 통해 마을 안의 부족한 사회서비스나 복지사각지대 문제를 주민들의 의견을 모아 풀어갈 수 있다.

'마법의 돌'을 통해 마을의 힘 모으기

마을 자원을 활용해 주민들의 힘을 모아내는 일을 처음에 어떻게 시작할 수 있을까 막막할 수 있다. 이때 '돌멩이 수프 우화'의 원리를 되새겨볼 필요가 있다. 배고픈 여행객이 한 마을에 들러 먹을 것을 구하는데, 인심이 야박해 아무도 먹을 것을 주지 않자 여행객은 자신에게 마법의 돌이 있다고 말한다. 큰 냄비를 빌려주면 마법의 돌을 이용해 맛있는 수프를 만들어주겠다는 것. 그렇게 해서 큰 냄비에 한참 돌만 끓이다가 '당근이나 양파가 있으면 더 맛있을 텐데' 하고 혼잣말을 한다. 결국 마을 사람들은 각기 집에 있는 재료를 가져오게 되고, 맛있는 수프가 완성된다. 마법의 돌이 사람들의 마음을 열고 자원을 모으는 하나의 계기가 된 것이다.

마을 공동체와 사회적경제도 마찬가지다. 누군가 처음에 계기를 만들기가 어렵지 혼자 해결할 수 없는 마을의 문제를 위해 저마다 재료를 가져올 준비는 되어 있다. 누군가 용기를 내어 작은 목소리로 얘기해본다.

"학원만 보내지 말고 아이들이 다양한 경험을 할 수 있는 마을방과후는 어때? 다른 동네에서 보니까 처음에는 품앗이 방식으로 시작해서 협동조합으로 나간 경우도 있더라고. 조금씩만 힘을 모아보면 우리끼리도 해볼 수 있을 것 같은데…"

그 목소리에 누군가가 응답한다. "마을방과후, 그거 좋은데. 나 예전에 미술치료 했었는데 그 경험을 살려볼까?" "나는 누구보다 이 마을에 인맥이 많으니 여기저기 입소문을 내서 아이들을 데려와볼게" 등등.

당신의 작은 목소리가 마법의 돌이 되어 마을을 보다 풍요롭고 다채로운 공동체로 만들어갈 수 있을 것이다.

마을기업

지원제도

마을기업은 행정안전부에서 2010년 '마을기업 육성사업 시행지침'을 만들어 지원하는 사회적경제 기업 유형이다. 지침에 따라 마을기업은 "지역 주민이 각종 지역 자원을 활용한 수익사업을 통해 공동의 지역문제를 해결하고, 소득 및 일자리를 창출하여 지역 공동체 이익을 효과적으로 실현하기 위해 설립·운영하는 마을 단위의 기업"으로 정의된다. 이처럼 마을기업은 ▲지역자원 활용, ▲지역문제 해결, ▲지역 공동체 이익, ▲마을이라는 지역적 기반 등 네 가지 속성을 가진다. 여기서 마을은 "지리적으로 타 지역과 구분되는 경계를 가지면서 지역 내부에 상호관계나 정서적 공감대가 형성되어 있는 곳"으로 본다.

마을기업의 설립 요건은 "지역 주민 5인 이상 출자한 법인"으로, 농촌지역은 '읍·면', 도시지역은 '구' 단위가 기준이다. 해당 시·군에 마을

기업으로 접수하면 시·도 단위에서 심사하고 행안부에서 최종 지정한다. 매년 10월 전후에 신규 마을기업을 공고한다(해당 시·도 주관).

마을기업으로 지정되면 행안부에서 최대 3년간 1억 원을 지원한다. 구체적으로는 ▲1차연도: 5천만 원(별도 자부담 1천만 원 이상), ▲2차연도: 3천만 원(별도 자부담 600만 원 이상), ▲3차연도: 2천만 원(별도 자부담 400만 원 이상)이다. 예비 마을기업은 마을기업 지정 전 준비과정을 지원하는 제도로, 1천만 원을 지원한다.

협동조합과 마을기업의 차이

흔히 협동조합과 마을기업의 차이를 헷갈리기 쉬운데, 마을기업은 행안부가 지원을 하기 위해 마련한 인증 체계이고 협동조합은 법인 유형이다.

법인은 제한된 목적 범위(소송, 소유권, 계약)에서 사람처럼 법률 행위를 할 수 있게 권리능력을 인정받은 사람들의 단체 또는 특정한 목적에 바쳐진 재산(재단법인)이다. 우리에게 익숙한 '회사'는 기업의 경영과 상거래에 대해 규정한 상법을 근거로 하며, 삼성·LG·현대 등 대부분의 기업이 상법상 회사다. 하지만 '기업=회사'는 아니다. 협동조합 법인을 취하는 기업도 있기 때문이다. 회사도 주식회사, 유한회사, 유한책임회사,

합명회사, 합자회사 등 종류가 다양하나 이를 묶는 가장 큰 특성은 이윤 추구다.

　반면 비영리법인은 그 말에도 나와 있듯이 영리를 추구하지 않고 공익을 추구한다. 이는 개인들 사이의 법률관계에서 발생하는 권리와 의무를 규율하는 민법에 규정되어 있다. 비영리법인은 다시 사람을 중심으로 한 사단법인, 재산을 중심으로 한 재단법인으로 나뉜다. 예를 들어 언론에 대한 시민 감시를 위해 '사단법인 언론감시'를 만들거나, 학비 마련이 어려운 학생들을 위해 기부자가 재산을 내놓아 '재단법인 장학회'를 만들 수 있다. 그리고 협동조합은 앞서 살펴보았듯이 "공통의 필요를 사업을 통해 이뤄내는 규칙 있는 모임"이다.

　이렇듯 회사, 비영리법인, 협동조합은 법인의 유형이며, 개인이 아닌 단체로 사업을 하기 위해서는 먼저 법인을 설립해야 한다. 이 법인을 설립해야 마을기업으로 인증받을 수 있다. 앞서 마을기업의 설립 요건으로 "지역 주민 5인 이상 출자한 법인"이라고 되어 있는 이유다.

　마을기업과 같은 정부의 인증 체계로 사회적 기업, 자활 기업, 여성 기업, 장애인 기업 등이 있다. 이 중 사회적 가치를 창출하는 기업으로 사회적 기업, 마을 기업, 자활 기업, 협동조합을 사회적경제 기업이라고 한다. 사회적 기업에 대해서는 4장에서 더 자세히 살펴보겠다.

마을기업과 행정의 결합성

앞서 이야기한 마을 공동체의 여러 활동은 소수 주민만의 필요는 아니기에 공공성이 입증되면 공공의 자원이 결합될 수 있다. 행정에서 일방적으로 예산을 결정하고 사업을 시행하는 것이 아니라, 마을 주민들의 수요를 바탕으로 계획·집행되는 것이다. 즉 사회적경제가 주민 주도의 공공정책을 위한 프로토타입(prototype, 시제품 또는 견본) 역할을 할 수 있다. 이러한 프로토타입을 지원하고 마을 자원의 활성화와 마을을 기반으로 한 공동체 방식의 경제활동을 지원하기 위해 행정안전부의 예산이 투입된다.

다만 이를 위해서는 정부와 지자체에서 마중물을 주되 성과주의에 빠지지 않도록 충분히 기다려주어야 하며 또 섣불리 지원하기보다 주민들의 자치 역량에 맞춘 지원이 이루어져야 한다. 관청과 해당 전문가들이 설계한 계획은 빠르게 성과를 낼 수는 있으나 시민들의 역량을 키우는 데는 방해가 될 수 있기 때문이다.

따라서 마을 주민들이 지역사회 활동에 참여하고, 마을경제공동체를 만들고, 지역의 예산 수립에까지 참여하기 위해서는 주민의 역량 향상과 함께 민과 관의 관계가 변화되어야 한다. 그래서 협력적 거버넌스로서 협치(協治, collaborative governance)가 중요시되고 있다. 국회에서 여

·야 간의 협치만 중요한 것이 아니라 민과 관의 관계에서도 권한과 책임을 함께 나누어야 한다는 것이다. 이는 현장의 목소리를 듣고(청책[聽策], 시민들의 의견을 듣고 정책에 반영함), 민관이 함께 논의하여(숙의), 공동의 계획을 수립하고(계획), 제도적 기반을 만들고(조례·기구), 함께 문제를 풀어가는 과정(협치)으로 이뤄진다.

2장
국가와 시장의 경계에서

2장에서는 역사를 통해 시장경제와 정부 개입의 한계를

살펴보겠습니다. 이는 시장과 정부의 단점을 사회적경제가

보완하기 때문입니다. 시장에 모든 것을 맡겼을 때, 그리고

정부가 개입했을 때 어떤 문제점들이 발생하는지

함께 살펴보겠습니다.

04

산업혁명 이후
자유시장경제의 잔혹한 단면

: 영화 〈레미제라블〉

보이지 않는 손이 낳은 참혹한 현실

시장이 중심이 된 경제를 시장경제(market economy)라고 한다. 자유로운 경쟁을 바탕으로 시장에서의 수요와 공급을 통해 상품의 가격이 형성되는 경제다. 18세기 경제학사 애덤 스미스는 시장경제가 모든 것을 해결해줄 수 있다고 주장했다.

그는 시장에서 결정되는 상품의 가격을 '보이지 않는 손'이라 칭했으며, 물건의 생산과 소비는 누군가가 개입하지 않아도 각자의 합리적 선택으로 자연스럽게 이뤄진다고 보았다. 생산자들은 물건을 더 많이 더 비싼 가격에 팔기 위해 자연스레 노력하게 되고, 기술과 경영이 발전되어 결과적으로 국민소득도 늘어난다고 본 것이다. 이로 인해 정부는 시장에 일체 간섭하지 않고 치안과 국방만을 담당하기도 했다.

하지만 시장에 모든 것을 맡겨놓다 보니 여러 부작용이 나타났다. 예를 들면 아동노동 문제다. 네 살 아이들에게 하루 열다섯 시간 굴뚝 청소를 시키고 식사 시간은 고작 10분밖에 주지 않았다. 아동노동의 시장가격은 20-40대 노동자 평균 주급의 10분의 1 수준이었으며, 생산자가 아동을 보호해야 할 이유는 없었다. 탄광에서 고용할 수 있는 아동의 나이는 네 살부터였고, 모직공장에서는 여섯 살, 면직공장은 여덟 살부터 아이들에게 일을 시킬 수 있었다. 이 아이들은 하루 12-18시간 일했다. 아동노동이 전체 노동자 수에서 차지하는 비중도 컸다. 면직공장에서 35%, 견직공장에서 46%에 이르렀다. 탄광은 22%로 낮았지만 굴뚝 청소는 대형 공장을 제외하고는 대부분 아이들이 맡았다.[4]

사회적으로 아동노동이 문제가 되자 1833년 공장의 아동노동 실태조사를 위해 왕립위원회가 활동했다. 그리고 1833년 공장법이 제정되며 비로소 9세 미만 아동의 공장 고용이 금지되었다. 9-12세에 해당하는 아동들은 주당 노동시간을 48시간으로 제한했다.[5]

냉엄한 현실과 착한 기업가 장발장

이러한 산업혁명 초창기의 모습을 볼 수 있는 소설로《레미제라블》을 꼽을 수 있다. 빅토르 위고(Victor-Marie Hugo)는 프랑스인들이 사랑하고 존경하는 작가로서 그의 장례식은 국장으로 치러질 정도였다.《레미제라블》은 19세기 프랑스를 배경으로 한 대하소설로 그의 대표작이자 서양 문학사에서 가장 위대한 소설 중 하나로 손꼽힌다.

영화 〈레미제라블〉(2012)은 동명의 소설을 원작으로 한 뮤지컬 영화로 국내 개봉 8일 만에 관객 200만 명을 돌파했고 최종 관람 관객 590만 명을 기록했다. 국내에서 개봉한 역대 실사 뮤지컬 영화 가운데 1위다. 2위가 공전의 히트를 한 〈맘마미아!〉(2008)로, 453만 명의 관객을 동원한 것을 고려하면 국내에 기존 뮤지컬 팬이 많다 하더라도 매우 놀라운 성적이다.

이에 대해 2012년 12월 18일 개봉해 다음 날 있었던 대통령 선거 결과의 영향 때문이라는 분석이 많았다. 영화평론가 정지욱은 "대선 이후 이른바 멘붕에 빠진 사람들이 절망 속에서 희망을 노래하고 화면의 스펙터클함과 장중한 음악을 갖춘 뮤지컬 영화를 통해 '지적인 힐링, 문화 힐링'을 하고 있는 것 같다"고 말했다.

그렇다면 〈레미제라블〉이 주는 힐링은 무엇이었을까? 비참한 상황 속에서도 인간성을 잃지 않고 끊임없이 새로운 시대에 대한 희망을 품는 주인공들을 알기 위해 먼저 소설의 제목을 생각해볼 필요가 있다. '레미제라블'은 불어로 '불쌍한, 비참한, 처량한 사람들'이라는 뜻이다. 영화와 소설에는 가난으로 굶주리고 차별과 폭력으로 삶의 벼랑 끝에 내몰린 다양한 사람들이 나온다. 먼저 배고픔을 못 이겨 어린 시절 빵을 훔쳤다는 이유로 징역 19년을 산 장발장이 있다. 그는 자신의 누이와 일곱 명의 조카를 먹이기 위해 빵집 유리창을 깨고 빵 몇 개를 훔치다 절도죄로 잡혔다. 다른 경범죄까지 들통이 나 징역 5년을 선고받았고, 몇 번 탈옥을 시도하다 실패를 거듭해 징역 기간이 19년까지 늘어났다. 그가 감옥에 갇혀 있는 동안 누이의 가정은 풍비박산이 나 연락조차 끊겼다.

장발장은 감옥에서 나온 뒤 전과자에 대한 차별과 멸시로 인해 돈이 있어도 하룻밤 묵을 곳을 찾기 어려웠다. 그는 사람들에게 원망과 증오를 품었다. 결국 자신을 받아들여준 성당의 촛대까지 훔치지만, 미리엘 주교의 사랑과 용서에 감화되어 새로운 인생을 살기 시작한다. 1815년 말 장발장은 신분을 숨기고 북부 소도시 몽트뢰유쉬르메르에서 새로운 구슬 공정을 개발해 기업가로 크게 성공한다. 그 당시 노동자들을 착취했던 다른 공장주들과 달리 그는 기술개발을 통해 원료비를 줄여 노동자들의 임금을 올려주고 그 지방의 복지에도 힘을 썼다.

하지만 실제 세상에 소설 속 장발장과 같은 선량한 공장주는 흔치 않았다. 영국의 영향을 받아 프랑스에서도 산업혁명이 시작되어 도시 인구가 급작스럽게 늘어났지만, 주택과 수도시설은 턱없이 부족했고 불량한 위생으로 인해 전염병이 주기적으로 발생했다. 1831년에는 콜레라로 무려 10만 명이 사망했다. 또 낮은 임금과 높은 물가로 노동자들의 삶은 계속 열악해져갔다. 〈레미제라블〉속의 가난에 시달리다 끝내 성매매를 하고 돈을 마련하기 위해 이빨까지 빼 팔게 되는 불쌍한 팡틴의 삶은 이러한 시대상을 잘 보여준다. 영화 속 공장 노동자들의 주제곡 "하루의 끝에서"(At the End of the Day)의 다음 가사를 보자.

하루의 끝에서 넌 하루 더 늙어가네

빈지의 삶에 대해 네가 할 수 있는 말은 그게 다야

이건 투쟁이자, 전쟁

그리고 누구도 주는 것 하나 없지

하루 더 버티는 게, 뭘 위한 거야?

살 날이 하루 더 준 거지.

《레미제라블》의 고아 소녀 코제트의 모습. 1862년 초판본에 수록된 에밀 바야르(Émile Bayard)의 삽화.

하루의 끝에서 넌 하루 더 추워지네

네 등에 있는 셔츠는 널 따뜻하게 해주지 못해

정의는 서둘러 지나가네

그들은 어린아이들의 울음소리를 듣지 못해

살인적인 추위의 겨울이 빠르게 다가오고,

죽을 날이 하루 더 가까워졌지!

빅토르 위고의 사상과 우리나라의 장발장은행

그런데도 정부는 제 역할을 하지 못하고 있었다. 빅토르 위고는 소설에서 산업혁명의 가장 큰 문제인 분배의 문제를 지적한다. 앞서 경제학자 애덤 스미스는 '국부론'이라는 자신의 책 제목처럼 시장경제를 통한 부의 생산만을 생각했지 이를 어떻게 분배할지에 대해서는 고민히지 못했던 것이다.

영국은 희한하게도 부를 잘 만들어내고 있다! 그러나 영국은 그것을 잘못 분배하고 있다. 한쪽에서만 완전한 이러한 해결은 영국을 필연적으로 다음과 같은 두 극단에 이르게 한다. 즉 엄청난 부유와 엄청난 빈곤. 어떤 사람들에게는 모든 향락, 다른 사람들, 즉 서민에게는 모든 궁핍. 특권, 제외, 독점, 봉건성 등은 바로 노동에서 태어난다. 이건 잘못된 위험한 상황, 개인의 빈궁 위에 공권력을 앉히고, 개인의 고통 속에 국가의 위대성을 뿌리박게 한다. 《레미제라블》 4권[민음사, 2012], 40쪽)

그리고 분배의 문제를 위해 정부가 해결해야 할 원칙을 다음과 같이 제시한다. 오늘날 복지국가의 위상을 1862년에 먼저 천명한 것이다.

부자를 격려하고 빈자를 보호하라. 빈궁을 절멸하라. 강자에 의한 약자의 부정한 착취를 종식시켜라. 이미 도달한 자에 대한, 가고 있는 중에 있는 자의 부당한 질투를 억제하라. 노동 임금을 수학적으로, 그리고 우애적으로 조정하라. 어린이의 성장에 무상 의무교육을 주고 학문으로 성년의 기초를 만들어라. 손을 활용하면서도 지능을 계발하라. 강력한 국민임과 동시에 행복한 인간들의 가족이 되라. 소유권을 폐지하지 않고 보편화함으로써 시민 누구나가 예외 없이 소유자가 되도록 소유권을 민주화하라. 이건 사람들이 생각하는 것보다 더 쉬운 일인데, 간단히 말해서 부를 생산할 줄을 알라. 그리고 그것을 분배할 줄을 알라. 그러면 당신은 물질적인 위대함과 정신적인 위대함을 다 함께 가질 것이고, 그리고 당신은 프랑스라고 불릴

사회주의처럼 소유권을 폐지하는 것이 아닌 소유권을 민주화하는 것. 이것이 바로 사회적경제 사상의 출발이다. 이러한 위고의 사상은 사회적경제로 이어졌다.

사회적경제를 얘기할 때 가장 중요하게 등장하는 경제 사상가는 프랑스의 샤를 지드(Charles Gide)다. 그는 1900년 파리만국박람회에 설치된 사회적경제 전시관 보고서에서 "애덤 스미스의 국부론은 부의 학문으로 사람들에게 그로 인한 고통과 치유법에 대해 일언반구 없는 반면 사회적경제는 그 모든 것을 말해주고 있다"라고 했다. 사회적경제는 노동조건과 삶의 질을 개선하는 역할을 하는데, 이를 위해 국가와 기업주, 노동자의 역할을 세 가지로 간추려 제시한다. ①국가의 역할로서 공공 규제를 위한 사회적 입법, ②기업주의 역할로서 사회적 공헌, ③노동자 스스로 역할로서 단체 결성(협동조합, 상호공제조합, 노동조합 등).

정부와 기업이 이러한 사회적경제 원리를 받아들이기까지는 시간이 걸렸다. 1929년 세계 대공황 상황에서야 자유주의 시장경제의 한계를 체감했기 때문이다. 하지만 이 역시 자연스럽게 찾아오지는 않았다. 영화의 마지막을 장식하는 "민중의 노래가 들리는가"(Do You Hear the People Sing)의 다음 가사처럼 수많은 이들의 피와 땀이 대가로 지불되었다.

민중의 노래가 들리나?

분노한 자들의 노래가?

다시는 노예가 되지 않으려는

민중의 음악이네

심장 뛰는 소리가

북소리로 메아리칠 때

내일이 오면 시작될

새로운 삶이 있네!

끝으로 소설 속 장발장 같은 이가 더 이상 생기지 않도록 우리나라에서 2015년 2월에 설립된 장발장은행을 소개한다. 현행법은 벌금형이 확정된 뒤 한 달 안에 벌금을 완납하지 못하면 교도소에서 노역으로 하루 10만 원씩 벌금을 탕감하도록 하고 있다. 전국의 교정시설 50여 곳에 노역장 350여 곳이 있는데, 이곳에서 일반 수형자들과 같이 일한다. 노역장에서는 봉제나 목공 등 다양한 작업이 이루어지며, 벌금을 내지 못해 노역을 할 수밖에 없는 사람이 한 해 4만여 명에 이른다.

장발장은행은 이처럼 '가난이 죄'가 되는 세상을 조금이라도 바꾸기 위해 설립되었다. 그래서 벌금형을 선고받았으나 낸 돈이 없어 교도소에 가야 하는 사람들에게 무이자·무담보로 대출을 해준다. 대출 신청자의 신용조회도 하지 않으며, 예대마진(대출금리와 예금자에게 지급하는 예금금리 간의 격차로서, 은행 수익의 본질적 원천이다)으로 수익을 내지도 않는다.

2021년 1월 5일 기준, 총 906명의 시민에게 15억 9170만 원을 대출해주었고, 대출자 중 500명이 상환 중에 있으며, 전액 상환한 이는 174명에 달한다. 전체 상환액은 4억 6481만 9701원이며, 재원은 오로지 시민들의 후원으로 조성된다. 9694명의 개인과 단체, 교회로부터 총 12억 2929만 8980원이 모였다.[6]

이처럼 우리의 사회적 상상력과 실천으로 '레미제라블', 즉 불쌍하고 비참하고 처량한 사람들이 줄어들 수 있다.

노동시간 단축의 역사

코로나 사태로 인해 기후위기의 절박함이 더 커져가는 상황에서 탈성장을 위해서라도 주 4일제로 나아가야 한다는 목소리가 커지고 있다. 사회적경제 역시 이러한 흐름 속에서 경제적 가치만이 아니라 사회적 가치도 중요하게 다루는 전환 경제로서 의미를 가질 수 있다. 산업혁명 이후 보다 인간적인 삶을 위해 진행되었던 노동시간 단축의 역사를 살펴보며 시장경제의 한계를 바라보자.

노동절의 시초는 1886년 5월 1일 미국의 총파업이다. 1886년 5월 1일, 시카고·뉴욕·보스턴 등 미국 전역에서 38만 명 이상의 노동자가 '8시간 노동제'를 요구하며 파업에 나섰다. 당시 〈시카고데일리뉴스〉를 비롯한 보수 언론은 이들을 공산 폭동을 일으키는 공산주의자로 취급하며 색깔론을 펼쳤다.

하지만 노동시간 단축은 인간다운 삶을 지속하기 위한 최소의 외침이었다. 산업혁명 당시 영국의 평균 노동시간은 하루 10-16시간, 휴일은 일주일에 하루뿐이었다. 런던의 노동시간은 1750년 연간 2,631시간에서 1830년 3,356시간으로 급속도로 증가했다. 미국도 당시 하루 16시간의 중노동을 하고 있었다.

그러나 인간으로서의 기본적 권리를 요구하는 외침은 무참히 짓밟혔다. 경찰은 5월 3일 시카고 인근 매코믹 공장에서 파업 농성 중인 어린 소녀를 포함한 여섯 명의 노동자를 발포·살해했다.

노동자들의 분노를 촉진한 헤이마켓 사건

5월 4일, 살해당한 노동자들을 추모하는 평화행진이 헤이마켓 광장에서 시작되었다. 이를 경찰이 해산시키려 하자 신원 불명의 누군가가 다이너마이트를 경찰 쪽으로 던졌다. 폭탄 폭발과 뒤이은 발포로 인해 경찰 일곱 명과 민간인 네 명 이상이 죽었고 숱한 사람이 부상당했다.

이후 여덟 명이 체포되었는데, 피고 중 한 명이 폭탄을 만들었을 수 있다는 사실과 실제 그들 중 누구도 폭탄을 던지지는 않았다는 것이 밝혀졌다. 그러나 일곱 명에게는 사형이, 한 명에게는 징역 15년이 선고되었다. 이후 사형수 중 두 명은 종신형으로 감형되었고, 한 명은 자살했으며, 네 명은 1887년 교수형에 처해졌다. 1893년, 일리노이의 신임 주지사는 그때까지 살아 있던 피고들을 모두 사면했다. 헤이마켓 순교자 중 한 명은 재판에서 다음과 같은 최후발언을 했다.

우리를 목매단 것으로 궁핍과 고통 속에서 고된 노동을 하면서도 해방을 고대하는 수백만 임금 노예의 노동운동을 짓밟을 수 있다고 생각한다면 우릴 처형하라!

하지만 당신들은 지금 단지 불꽃 하나를 밟아 끄고 있는 것이다. 당신들 뒤, 앞, 그 어느 곳에서든 해방을 꿈꾸는 불꽃은 다시 피어오를 것이다.

각 나라에서 입법화된 하루 8시간 노동

순교자의 예언은 맞았다. 이후 1890년 5월 1일, 프랑스혁명 100주년을 맞아 프랑스에 본부를 둔 제2인터내셔널(19세기의 마지막 10년부터 제1차 세계대전 초까지 유럽 노동운동의 이데올로기·정책·방법에 큰 영향을 끼친 사회주의 정당과 노동조합 동맹)은 세계 각지에서 일제히 집회 시위를 일으켰고, 이후 매년 5월 1일 각국에서 노동절이 개최되었다.

그러고도 30년이 지난 1919년에야 국제노동기구(ILO) 제1회 총회에서 '하루 8시간, 주 48시간 노동제'를 국제 노동기준으로 확립했다. 1938년에는 미국에서 주 40시간, 즉 '하루 8시간, 주 5일제'가 입법되었다.

우리나라에서는 1951년 12월, 대기업 조선방직에서 노동쟁의가 발생하면서 노동법 제정 분위기가 만들어졌고, 그 결과 1951-1953년에 근로기준법 등이 심의·제정되었다. 근로기준법에서 '하루 8시간, 주 48시간, 일주일에 하루 유급 휴일제'가 채택되었다.

그리고 50년이 지난 2003년에 '40시간제' 법안이 국회에서 통과되었다. 그러나 당사자 합의를 통해 열두 시간까지 연장근로를 가능하게 했으며, 연장근로와 휴일근로가 별개로 해석되어 기업들은 주 40시간제에서도 노동자에게 68시간까지 일을 시킬 수 있었다.

그 뒤 2013년부터 국회에서 '주당 최대 노동시간 52시간'을 논의했지만 경영계에서 준비가 덜 되었다는 이유로 차일피일 미루어졌다. 2018년에 300인 이상 기업, 2020년에 50인 이상 기업, 그리고 드디어 2021년 7월에 5인 이상 기업에도 '주 52시간 근무제'가 의무 적용되었다.

우리나라 직장인의 근로시간은 2019년 기준 OECD 회원국 중 다섯 번째로 길다. 그래도 취업자의 주당 평균 근로시간은 41.5시간이다. 주 52시간 근무제 도입과 더불어 워라밸(work-life balance)을 중시하는 사회 분위기가 반영된 결과로 분석된다.

이제 다시 '주 4일제' 논의를 향해 가고 있다. 우리나라의 시대전환 조정훈 의원은 주 4일제를 대선 의제로 주장하고 있으며, 이미 주 4일제를 부분적으로 도입해가는 나라들도 있다. 2019년 미국 기업 27%가 '주 4일제'를 시행했고, 일본·스페인·뉴질랜드 등에서도 주요 의제가 되거나 국가적 실험을 하기 시작했다. 2021년 세계 경제 순위 10위인 우리나라에서도 적극적으로 도입을 논의해 나갈 때다.

대량생산과 대량소비의 포드주의는 무엇을 잃었나

: 영화 〈포드 v 페라리〉

대량생산 대량소비의 끝, 대공황

영국의 산업혁명 배후에는 불세출의 경제학자 애덤 스미스만이 아니라 기술적 토대 및 생산양식의 변화가 자리하고 있었다. 방적기와 증기기관의 발명이 산업혁명의 기술적 토대를 만들어냈다면 테일러주의(Taylorism, 노동자의 움직임과 동선, 작업범위 따위를 표준화해 생산효율성을 높이는 체계)와 포드주의(Fordism, 일관된 작업과정으로 노동과정을 개편해 노동생산성을 증대시키는, 즉 상대적 잉여가치를 생산하는 집약적 축적 체제)는 현재의 자본주의 체계가 확립되는 이론적 토대를 만들어냈다.

프레데릭 윈슬로우 테일러(Fredrick Winslow Taylor)는 미국의 발명가이자 기술자로 과학적 관리주의를 주창했다. 그는 노동자들의 기계적이고 반복적인 행동을 초 단위로 분석하고 감독하는 기법을 창안했다. 헨리 포드(Henry Ford)는 테일러주의적 구상을 적용할 수 있도록 부품의 표준화와 컨베이어 벨트를 이용한 이동식 생산 공정을 도입해 오늘날과 같은 대량생산 시스템을 확립했다. 테일러주의와 포드주의는 대량소비 시대를 열었다.

1908년 헨리 포드가 T형 자동차를 생산하며 내세운 광고는 "어지간한 봉급생활자라면 누구나 구입할 수 있을 만큼 쌉니다"였다. 소비자들의 선택권에 대해서는 단호하게 "어떤 고객이든 원하는 색의 자동차를 가질 수 있습니다. 단, 원하는 색이 검정이기만 하다면 말입니다"라고 답변할 정도였다.

대량생산과 대량소비는 선순환을 만들어내며 종전에는 상상할 수 없었던 풍요로움을 가져왔다. 제1차 세계대전 후 미국은 유럽 여러 나라에 돈을 빌려주었고, 해마다 엄청난 무역 흑자를 올리며 부를 증진했다. 공장의 기계는 쉴 틈 없이 돌아가며 물건을 생산했고 소비 역시 늘어나 보이지 않는 손에 의해 자본주의는 끝없이 확장해가는 것처럼 보였다. 프랑스 경제학자 장 바티스트 세이(Jean Babtiste Say)의 "공급은 스스로 수요를 창출한다"란 말이 맞아떨어지는 것 같았다.

헨리 포드의 컨베이어벨트에서 대량 생산되는 자동차.

　　그러나 생산량의 증대에 비해 노동자들의 임금은 크게 오르지 않았으며, 이에 따라 점차 소비가 생산을 따라갈 수 없게 되니 자연히 재고가 쌓였다. 결국 1929년 10월 24일 '검은 목요일'로 알려진 월스트리트의 주가지수 대폭락으로 시작된 대공황은 1939년까지 10년간 지속되었다. 미국의 GDP 60%가 증발했으며, 독일 노동자의 44%가 실업자가 되었다. 전 세계 경제가 곤두박질치고 금융시장의 대혼란과 대규모 실직 사태가 발생했다. 이로 인해 많은 이들의 삶의 질이 악화하고 사회의 여러 갈등이 생겨나 제2차 세계대전의 중요한 원인이 되었다.

대공황 이후 수정자본주의의 출현

시장에 모든 것을 맡겨두었을 때 생길 수 있는 대 혼란으로 인해 경제학자들은 시장경제에 대해 근본적으로 고민할 수밖에 없었다. 더 이상 세이의 법칙처럼 공급을 한다고 수요가 자연스럽게 생기지 않음을 뼈저리게 깨달았으며 시장경제의 다양한 문제점도 발견했다.

앞서 살펴본 아동노동의 경우와 같이, 정부가 규제하지 않으면 시장에서 거래되지 말아야 할 상품과 서비스가 거래되었다. 노동력에 대해서는 국가의 공공 규제가 필수적이었다. 독과점은 어떤가? 소수의 사업자가 압도적 지위를 점한 다음 가격을 마음대로 올리니 수요와 공급 곡선과는 무관한 곳에서 시장가격이 형성되었다. 공정한 경쟁은 사라졌다. 환경오염은? 국가의 규제가 없다면 공장주들이 스스로 오염물질을 정화할 이유가 별로 없고, 그로 인해 발생하는 환경오염의 피해는 고스란히 사회의 몫이 된다. 애덤 스미스가 자유시장경제의 장점을 주장하며 미처 보지 못했던 부분들이다.

만약 이대로 계속 갔다면 마르크스가 예견한 대로 자본주의가 망했을지도 모른다. 그러나 애덤 스미스 이후 자유시장경제를 중심으로 한 자본주의는 정부의 일정한 시장 개입을 받아들이며 변화를 모색했다. 존 케인스(John Maynard Keynes)의 경제학과 같은 적극적인 정부 주도의 경제가 도입되었으며, 이를 기존 애덤 스미스의 자유방임주의와 구별해 수정자본주의라 불렀다.

덧붙여 복지정책을 통해 사회 구성원의 기본적인 생활 보장도 도모했다. 특히 미국은 빠르게 시장의 한계를 인정하고 1933년 뉴딜정책을 통해 정부가 적극적으로 실업자에게 일자리를 만들어주며 경제 구조와 관행을 개혁해나갔다. 그리고 제2차 세계대전 이후 승전국으로서 최대 호황을 누렸다. 이른바 '팍스 아메리카나' 시대가 도래한 것이다. 로마 제국의 팍스 로마나, 스페인 제국의 팍스 히스파니카, 영국 제국의 팍스 브리타니카에 이어 이제 미국이 전 세계의 패권을 쥔 강대국이 되었다.

풍요의 시대에 우리가 잃어버린 것들

영화 〈포드 v 페라리〉의 배경은 1960년대로 이 황금 시기에 해당한다. 영화는 포드와 페라리의 경쟁에 대한 이야기다. 1960년대 매출 감소에 빠진 포드자동차는 베이비붐 세대에게 어필할 방법을 모색한다. 앞서 살펴보았듯이 포드자동차는 대량생산을 하는 대중적인 자동차였는데 베이비붐 세대는 자신만의 개성을 차를 통해서도 드러내고 싶어 했기 때문이다.

이탈리아의 페라리는 스포츠카 시장에서 절대적 1위를 차지하는 자동차였기에 헨리 포드 2세는 페라리와의 인수 합병을 통해 새로운 콘셉트의 자동차를 출시하려고 한다. 하지만 그 과정에서 엔초 페라리(Enzo Ferrari) 회장에게 모욕을 당하자 돈은 얼마든 써도 좋으니 세계 3대 자동차 경주 대회인 '르망24'에서 페라리를 박살 낼 자동차를 개발하라고 지시한다. 이를 위해 르망24 우승자 출신 자동차 디자이너 '캐롤 셸비'(맷 데이먼 분)와 고집불통이지만 최고의 실력을 지닌 레이서 '켄 마일스'(크리스찬 베일 분)가 의기투합해 경기에 출전한다는 내용으로, 실화를 기반으로 하고 있다.

일반적인 할리우드 영화라면 포드로 대변되는 미국과 페라리로 대변되는 유럽의 경쟁에서 미국이 멋지게 나오겠지만 이 영화는 반대다. "할아버지, 이젠 세상이 달라졌어요. 지금은 '현대'란 말이에요"라는 말에 "애야, 그 '현대'를 발명한 게 나란다"라고 얘기했던 포드에 대해, 존경이 아닌 돈밖에 모르는 속물근성의 돼지로까지 표현한다. 그리고 오히려 대척점에 있는 페라리가 상징하는 가치에 대해 무한한 존경을 보인다. 대량생산-대량소비로는 가질 수 없는 인간의 고유성과 인격이 담긴 장인정신과 창의성에 대한 애정이 가득한 영화라고 할 수 있다.

한나 아렌트(Hannah Arendt)는《인간의 조건》(*The Human Condition*, 한길사)에서 일을 생계유지를 위한 노동(labor), '먹고사니즘'으로만 환원되지 않는 창의성이 발현되는 작업(work), 집단적·사회적 행위(action)로 구분한다. 포드는 현대의 '소외된 노동'을 발명했을지는 몰라도 영화 속에서 페라리로 대변되는 '작업'과 '행위'에 대해서는 만들기는커녕 이해하지도 못했다.

스포일러라 말할 수 없는 마지막 경주의 결과를 보고 나면 인간은 결코 컨베이어 벨트를 따라 움직이는 톱니바퀴가 아니라 타인과 소통하고 뜨겁게 사랑하며 심장이 뛰는 살아 있는 존재라는 점을 다시금 느끼게 된다. 그 장면을 온전히 관객에게 전달해주는 크리스천 베일과 맷 데이먼의 눈빛과 분위기에 가슴 속 뜨거움이 올라온다. 특히 크리스천 베일의 먼 이상향을 바라보는 열정 가득한 눈빛과 현실의 중력에 짓눌린 구부정한 어깨와 깡마른 몸은 포드의 시스템 안에 갇혀 있지만 야생마처럼 날뛰는 페라리 자체였다.

무엇이 혁신을 가로막나

이 영화는 또 거대한 조직 내에서 혁신이 이뤄지지 않는 문제점을 잘 보여준다. 시장의 실패를 보완한 전후(戰後) 수정자본주의가 겪어온 정부의 실패와 겹치는 부분이 많다. 정부의 실패는 시장에 대한 정부 개입이 오히려 자원의 비효율적 배분으로 이어지는 현상을 말한다. 정부는 시장의 민감한 정보들을 알아채지 못하고 잘못된 정책을 펼칠 수 있다. 또 정부에서 생산해내는 공공재는 민간 전문가가 직접 생산하는 것보다 비효율적일 수 있다. 무엇보다 거대해진 관료조직을 운영하는 비용과 매뉴얼에 따른 행정으로 인한 문제들이 커져갔다. 이로 인해 복지 예산이 정작 그것을 필요로 하는 복지 대상자에게 미치지 못하는 경우도 많아졌다.

포드의 경직된 시스템은 거대한 정부와 닮은 꼴이다. 영화에서는 이를 짧지만 아주 인상적으로 여러 차례 보여준다. 과학적 데이터에 의존하고 여러 단계의 절차를 거쳐 결재 서류가 올라가는 장면으로. 이러한 과정에서 안정적인 결과물은 반복적으로 나올 수 있지만 혁신은 결코 나오지 못한다. 아인슈타인은 "똑같은 행동을 반복하면서 다른 결과를 기대하는 것은 미친 짓(insanity)"이라고 했다. 영화에서 켄 마일스는 포드 임원진에게 무한대의 돈이 있어도 페라리를 이길 수 있는 자동차를 만들어내는 데는 200~300년이 걸릴 것이라고 말한다.

캐롤 셸비와 켄 마일스는 기존의 포드 시스템을 철저히 제거

하며 페라리를 이길 수 있는 자동차를 만들어나간다. 사무실에 앉아 데이터에 의존하는 게 아니라 경주장에서 수백 번의 실제 실험을 하면서 조금씩 고쳐나간다. 여러 단계의 행정 절차에서 현장의 의견이 왜곡되는 현상을 막기 위해 포드 회장으로부터 전권을 위임받는다. 캐롤 셸비는 포드 회장에게 레이싱 체험을 제공한 뒤 경주에서 이기기 위해 무엇보다 중요한 건 '시속 370킬로미터의 차를 운전하는 사람'이라고 말한다. 아무리 좋은 서류가 만들어지고 그럴듯한 행정 절차가 이루어져도 제일 중요한 건 현장에서 직접 결과물을 만들어내는 사람이라는 뜻이다.

혁신은 우리 사회 모든 분야의 화두다. 민간 기업만이 아니라 정부도 혁신의 주체로 나서 '대한민국 정부 혁신 박람회'가 열리기도 했다. 혁신교육, 혁신기업, 사회혁신, 주민혁신, 정부혁신 등 사회 모든 곳에서 혁신을 외치고 모든 주체가 혁신적으로 사고하고 행동할 것을 요구받고 있다. 하지만 정작 우리는 포드자동차의 경우처럼 말로만 혁신을 얘기하고 종전의 시스템 안에서 사고하고 행동할 것을 강요하는 것은 아닐까? 종전의 시스템 바깥에서 사고하고 행동하는 캐롤 셸비와 켄 마일스 같은 이들을 모난 돌 취급하며 부정하고 있는 것은 아닐까?

역사는 반복되었다. 애덤 스미스에서 시작된 시장에 모든 것을 맡기자는 자유방임주의, 시장의 실패를 해결하기 위해 정부의 개입을 주장한 케인스의 수정자본주의, 그리고 1970년대 들어서며 정부의 실패를 해결하기 위해 다시 모든 걸 시장에 맡기자는 주장이 나오기 시작했다. 돌아온 자유주의, 바로 신자유주의다.

새로운 사회적 합의로서의 뉴딜정책

1929년 세계 대공황 때 미국 대통령은 허버트 클라크 후버(Herbert Clark Hoover, 재임 1929~1933)였다. 당시 후버 행정부는 정부의 시장 개입을 자제하는 자유방임주의정책을 펼치고 있었다. 위기 상황에서도 실업자를 위한 연방정부의 지원에 반대하며 자선단체에 맡기면 된다고 생각했다. 1930년 말 실업률이 11%를 넘어섰고 1931년 중반 실업률 15%를 돌파하면서 미국 경제가 침체를 넘어 공황으로 치달았다.

반면 프랭클린 루스벨트(Franklin Delano Roosevelt, 재임 1933~1945)의 뉴욕 주 정부는 실업자 지원을 위해 비상구호청을 신설했다. 1933년 루스벨트는 후버 다음 대통령이 되어 정부의 시장 개입, 금융 개혁, 기업 활동 규제, 세금 인상과 공공근로사업을 통한 실업구제정책을 펼쳤다. 자유방임주의의 문제를 해결하기 위해 국가가 산업의 생산과 유통(공급)을 조절하고 노동자와 극빈층의 최소생계비를 보장하는 방향으로 나아갔다. 바로 '새로운 합의'를 뜻하는 뉴딜(New Deal)정책이었다.

이러한 새로운 경제 방향에는 사회적 개혁으로서 '노동 뉴딜'이 있었다. 루스벨트는 개혁 성향의 프랜시스 퍼킨스(Frances Perkins)를 노동부 장관에 임명했다. 퍼킨스는 미국 역사상 최초의 여성 장관으로서 루스벨트 집권 당시 12년간 노동부 장관을 맡았다.

퍼킨스는 노동법을 개정해 노동자들의 최저임금과 초과근로시간을 규정하는 새로운 공정노동기준법(Fair Labor Standards Act)을 만들었다. 주당 40시간 이상의 근무에 대해서는 추가 노동시간으로 정해 임금을 더 지불하도록 의무화했으며, 노동자의 노조 결성권(단결권)이 강화되고, 사용자의 단체교섭 의무 및 부당노동행위 금지 등 노동조합의 단체교섭권이 확립되었다. 또한 파업 등의 단체행동에서 노동조합의 민사상 책임을 면제했다. 더불어 사회보장제도 확립에도 큰 기여를 했다.

노동 뉴딜을 통한 사회 혁신

2021년 현재 문재인 정부에서도 다양한 뉴딜정책을 추진하고 있다. 먼저 도시재생 뉴딜이다. 이는 기존 도시개발사업과 달리 물리적 환경 개선뿐만 아니라 주민의 역량 강화를 통해 도시를 '종합적으로 재생'하는 정책사업이다. 일자리 창출과 주민 소득을 높이는 등 지역경제를 활성화하고 선순환 구조를 정착시키는 데 방점을 두고 추진되고 있으며, 매년 10조 원씩 5년간(2017-2021) 총 50조 원을 계획했다. 또한 2020년 7월에는 한국판 뉴딜 종합 계획을 발표했는데, 여기에는 코로나19 팬데믹 상황이 불러온 변화에 대응해 경제침체를 극복하고 구조적으로 경제를 대전환하겠다는 목표가 담겼다. 2025년까지 총 160조 원을 투자해 일자리 190만 개를 만들겠다는 내용으로 디지털 뉴딜, 그린 뉴딜, 지연균형 뉴딜을 포함하고 있다.

한국의 뉴딜정책은 정부의 재정 확대를 통한 일자리정책에 초점을 두고 있다. 그러나 루스벨트의 뉴딜정책이 성공한 것은 '노동 뉴딜'처럼 기존 사회구조의 문제를 해결하는 사회 혁신이 있었기 때문이다. 우리 정부도 일자리를 늘리기 위해 재정을 확대하는 것만이 아니라, 노동·보건·교육 등 다양한 영역에서 새로운 사회 혁신을 통한 '뉴딜'을 고민해야 할 때다.

1980년대
신자유주의의 그늘

: 영화 〈조커〉

다시 돌아온 자유주의, 신자유주의

선진국들이 경제 성장과 중산층 확대를 동시에 누렸던 '자본주의 황금기'는 1970년대 오일쇼크로 끝이 난다. 이는 1973-1974년의 1차 오일쇼크와 1979-1981년의 2차 오일쇼크로 나뉜다. 1차 오일쇼크 때는 중동전쟁이 시작되면서 OPEC(Organization of the Petroleum Exporting Countries, 석유수출국기구)의 이집트와 사우디아라비아를 중심으로 리비아와 이라크 등이 석유를 적게 생산하는 동시에 원유 가격을 인상했다. 2차 오일쇼크는 이란의 이슬람 혁명의 향방이 중동 국가에 어떤 결과를 가져올 것인지에 대한 공포가 원인이었다.

이로 인해 전 세계적으로 물가가 상승하고 실업 등의 문제가 심각해지는 스태그플레이션이 나타났다. 미국은 자국의 상황을 타개하기 위해 금리를 21%까지 인상했으며, 미국에서 잔뜩 외채를 끌어다 국내의 산업화를 진행하고 있던 우리나라나 폴란드 같은 비산유 개발도상국들은 졸지에 빚이 폭발적으로 증가했다.

이런 상황에서 영국에서는 마가렛 대처(Margaret Thatcher)가, 미국에서는 로널드 레이건(Ronald Reagan)이 각각 신자유주의정책을 추진한다. 정부는 한걸음 빠지고 시장에 전적으로 맡기자는 애덤 스미스의 자유주의가 다시 등장하였기에 '신자유주의'가 된 것이다.

먼저 영국의 1979년 선거에서 보수당의 승리로 집권한 대처 수상은 노동자들의 잦은 파업과 과도한 복지로 인한 재정 악화 등 이른바 '영국병'을 치유한다는 명목 아래 복지를 위한 공공지출을 대서 삭감했다. 그리고 세금 인하, 국영기업의 민영화, 노동조합의 활동 규제, 작은정부 실현 정책 등을 적극 추진했다.

1981년 미국 대통령에 당선된 로널드 레이건 역시 작은정부를 지향하며 대폭적 감세정책과 복지예산 축소를 실행했다. 70%에 달했던 소득세 최고세율은 레이건 재임 이후 35%까지 낮춰졌다. 복지정책을 대대적으로 폐지했고, 백악관 직속 규제폐지전

담반을 만들어 기업활동에 대한 정부 규제를 제거했다.

어떤 결과가 나왔을까? 먼저 마가렛 대처의 집권 기간 지니계수는 1979년 0.25에서 1990년 0.34로 악화되었다. 지니계수는 소득의 불평등도를 나타내는 통계지수로 0은 완전 평등, 1은 완전 불평등을 나타낸다. 레이건 시대도 마찬가지다. 게다가 감세 정책으로 인해 미국의 국가 채무는 엄청난 규모로 늘어났다. 집권 초기 9090억 달러였던 것에서 레이건이 임기를 마칠 무렵 2조 8679억 달러까지 늘었다.

또한 레이건은 유언비어를 퍼뜨리면서까지 복지정책을 폐지했다. 그는 빈곤층 출신 흑인 여성이 네 명의 죽은 남편으로부터 복리후생과 사회보장 혜택을 사취하고 80개의 다른 가명을 사용함으로써 15만 달러의 소득을 올린 사례를 들었다. 이른바 '복지여왕'(welfare queen) 논리였다. 이로 인해 레이건은 백인 보수층에게 큰 인기를 얻어 대통령까지 되었지만 후일 이 '복지여왕'은 어디에도 존재하지 않는 가공의 인물로 밝혀졌다.

영화 〈조커〉를 통해 바라본 신자유주의의 민낯

레이건 시대를 엿볼 수 있는 영화로 〈조커〉(2019)를 들 수 있다. 이 영화는 배트맨의 영원한 숙적인 조커의 탄생기를 다루었다. DC코믹스(마블코믹스와 함께 미국 만화 시장의 80%가량을 차지하고 있는 만화책 출판사)가 최초로 제작한 단독 빌런 영화면서 히어로 영화로서는 최초로 세계 3대 영화제 중 하나인 베네치아 영화제 경쟁 부문에 초청되었고, 코믹스 원작 영화 최초로 황금사자상을 받았다. 또한 제92회 아카데미 시상식에서 작품상 등 11개 부문에 후보로 올라 음악상과 남우주연상을 받았다. 여러모로 기존의 코믹스 원작 히어로 영화의 성취를 뛰어넘는 평가를 받았다.

영화의 주인공 아서 플렉(호아킨 피닉스 분)은 자신의 기분과 상관없이 갑자기 웃는 병을 앓고 있으며, 정신상담을 받고 있고, 병든 어머니와 함께 살고 있다. 그는 광대분장을 하고 광고 도우미를 하면서 근근이 살고 있는데, 어느 날 청소년 불량배들에게 폭행을 당하고 광고판을 빼앗긴다. 이후 아서는 권총을 들고 다녔고, 어린이 환자들을 위한 공연에서 실수로 권총을 떨어뜨려 해고당한다. 이날 아서는 지하철에서 술에 취한 세 명의 남성들에게 모욕과 구타를 당하게 되자 마침내 분노를 터뜨리며 권총으로 세 명 모두를 사살한다. 그리고 점차 조커로 변해간다.

조커는 묘한 문제작이다. 아름다운 화면과 뛰어난 연기에도 불구하고 영화를 보고 나서 며칠이 지나도 개운하지 않은 영화다. 블랙코미디지만 그나마 코믹한 요소들이 있어 숨 쉴 구멍이 있었던 〈기생충〉(2019)과 달리 〈조커〉는 처음부터 주인공인 아서 플렉이 처한 비관적인 상황이 계속 악화되어 비극으로 치닫고, 그 과정에서 폭력이 난무해 관객들을 매우 불편하게 만든다. 토드 필립스(Todd Phillips) 감독은 영화 속 폭력과 관련해 "존 윅 3에선 주인공이 300명을 넘게 죽여도 관객들이 웃고 소리 지르는데 왜 조커만 다르게 보는지 모르겠다"고 했지만, 분명 다르다. 〈존 윅〉이나 〈킬 빌〉에선 〈조커〉보다 훨씬 많은 사람이 죽지만 이 영화들 자체가 비현실적 문법을 전제로 한 장르 영화인 반면 〈조커〉는 처음부터 끝까지 아서 플렉의 고통과 분노의 과정을 따라가는 다큐멘터리에 가깝기 때문이다.

특히 이 영화는 앞서 언급한 대로 레이건 시대인 1981년을 배경으로 하고 있다. 첫 장면에서 청소 노동자들의 파업으로 며칠째 쓰레기가 수거되지 않은 거리의 모습이 나오고, 이후에도 영화는 거리 곳곳에 쌓여 있는 까만 쓰레기봉투들을 계속해 보여준다. 쓰레기로 인해 쥐 떼가 들끓는다. 뉴스에서는 청소부들이 왜 파업을 하는지, 파업을 멈추기 위해 고담시가 어떤 노력을 하고 있는지는 보도하지 않는다. 그저 사람들이 불편을 겪고 있다는 뉴스만 내보내며 파업을 비난하기에 바쁘다.

또한 아서는 정신질환을 앓고 있어 상담을 받으며 약을 먹고 있었는데, 이 약마저 먹을 수 없게 된다. 사회복지사는 병원 지원금이 삭감되어 병원도 다음 주에는 폐쇄된다고 말한다. 그러면 약 처방은 어떻게 받고 자신은 누구와 상담해야 하느냐고 아서는 되묻는다. 사회복지사는 "그 사람들은 당신 같은 사람한테 전혀 신경 안 써요, 아서. 나 같은 사람한테도 마찬가지고요."라고 답한다.

신자유주의, 각자도생의 시대

사회복지사의 말대로 레이건과 대처는 오일쇼크로 인한 경제위기를 타파한다는 명목 아래 가난한 이들을 위한 종전의 복지를 걷어내고 더 이상 그들에게 신경 쓰지 않았다. 레이건과 대처 이전에는 자본주의의 황금기이기도 했지만 고소득층에 대한 세금을 통해 사회 전체적으로 부를 재분배해야 한다는 사회적 합의가 존재했다. 하지만 자유주의가 다시 도래하면서 각자도생의 시대가 되었다.

영화에서 반복되는 "I hope my death makes more 'cents' than my life"는 "내 죽음이 삶보다 '가취' 있기를"이라고 번역되었다. '가치 있기를'이라는 뜻이 되기 위해서는 'makes sense'라고 써야 하는데, 아서가 철자를 제대로 몰라 'makes cents'로 표기했다고 보아 '가쳐 있기를'이라고 번역한 것이다. 하지만 말 그대로 미국의 화폐 단위인 'cent'(약 11원)로 번역하면 '내 죽음이 삶보다 몇십 원이라도 더 값어치 있기를'이라는 뜻이 된다. 이 말은 두 번 반복되는데, 처음에는 사회에서 배제되고 집단 폭력의 대상이었던 소수자로서 아서 플렉의 좌절과 분노가 함축되어 있다. 그리고 코미디 쇼 진행자와 이웃집 여자가 자신을 좋아한다는 환상마저 깨져버리자 아서는 다시 이 말을 되뇌며 자살을 생각하다가 이내 총구를 반대로 돌려 그들을 살해한다. 비웃음을 당하던 이에서 비웃는 주체(joker)로 다시 태어난 것이다.

30년간 신자유주의정책으로 꾹꾹 눌러놓았던 사회의 모순은 2008년 글로벌 금융위기 이후 폭발적으로 터져나왔다. 세계 대공황이 끝난 뒤 자본주의 황금기에서의 정부의 팽창, 오일쇼크 이후 다시금 시장만능주의로 돌아가며 이뤄낸 경제 성장은 결국 자신의 모순과 직면한다. 이렇게 정부와 시장 모두 영원한 승자일 수는 없었다.

신자유주의 이론가, 프리드리히 하이에크

프리드리히 하이에크(1899-1992), 신자유주의 사상의 아버지.

자본주의 1.0의 자유주의 경제학자 애덤 스미스, 자본주의 2.0의 수정자본주의 경제학자 존 케인스가 있다면, 자본주의 3.0의 신자유주의 경제학의 대표주자로 프리드리히 하이에크(Friedrich Hayek)를 들 수 있다. 하이에크는 1974년 화폐와 경제 변동에 관한 연구로 노벨경제학상을 받을 만큼 뛰어난 경제학자였다.

그는 자유시장을 중시하고 정부의 개입을 비판하면서 1980년대 레이거노믹스와 대처리즘을 필두로 하는 신자유주의 출현의 이념적 기반이 되었다. 그는 기존에 케인스 이론을 기반으로 해 완전고용을 통한 구매력 확대, 노조의 힘 강화, 복지를 통한 수요 창출 등을 모색한 것에 대해 복지국가라는 명분 아래 추진된 계획주의정책들이 개인의 자유를 파괴하고 전체주의 혹은 파시즘으로 이어질 수 있다고 지적했다. 정부의 경제활동 개입은 가격과 임금 통제 및 독점을 낳아 개인의 자유로운 경제활동을 교란한다는 것이다. 하이에크는 사회적 정의의 존재를 부정하고 경쟁적 정의, 즉 경쟁 절차의 공정성 보장으로 정의를 파악했다.

또한 그는 현재 존재하는 시장경제가 도덕성과 경제적 합리성이라는 기준에서도 완벽하다고 생각했으며, 이러한 시장경제 체계는 인간이 의도적으로 설계한 것이 아니라 '자생적 질서'(spontaneous order)라고까지 보았다. 그리고 문명 탄생의 원인을 사유재산으로 돌렸다. 각 경제의 의사결정자가 암묵적 지식이나 분산된 지식을 서로 소통해 자연스럽게 경제에 대한 문제를 해결할 수 있다고 보았다. 그리고 "우리는 문제를 푸는 데 있어 가능한 최대한 사회의 자연발생적 힘을 이용하고, 가능한 최소한의 강제력에 의존해야 한다"라는 명언을 남겼다. 이러한 시각이 있었기에 그에게 있어 시장에 대한 정부의 개입은 불필요하고 있어서는 안 되는 일이었다.

07

글로벌 금융위기 이후
빈부 격차의 고착

: 영화 〈기생충〉과

〈나, 다니엘 블레이크〉

신자유주의에 대한 성찰

승승장구할 것 같았던 신자유주의는 2008년 글로벌 금융위기에서 위기를 맞았다. 1929년의 세계 대공황처럼 시작은 미국이었다. 금융위기라는 말에서 알 수 있듯이 서브프라임 모기지론(subprime mortgage)을 중심으로 한 부실채권 급증 및 금융 경색, 금융 시스템 붕괴의 위기였다.

모기지론은 주택을 담보로 금융회사에서 대출을 받은 이후 일정 기간 정기적으로 원금과 이자를 나누어 상환하는 주택담보 대출 상품이다. '서브프라임'은 '최고 아래 등급'이라는 뜻이다.

미국 금융기관의 주택담보대출은 신용도와 부채 규모, 담보 능력 등에 따라 프라임(우량), 알트에이(보통), 서브프라임(비우량)의 세 등급으로 분류되는데, 서브프라임은 이 중 가장 낮은 등급이다. 두 개의 단어를 합친 서브프라임 모기지론은 금융시장 담보 대출에서 심사에 통과하지 못하거나 신용등급이 낮은 사람들을 위한 대출을 뜻한다.

2003년까지만 해도 은행들은 서브프라임 모기지론을 잘 취급하지 않았다. 회수가 어려울 수 있기 때문이다. 그러나 주택가격이 지속 상승하여 주택을 장만하는 것이 재테크 수단으로 부각되면서 저소득층의 주택담보대출 수요가 크게 증가했다. 이에 따라 예금은행들도 서브프라임 모기지론을 늘리기 시작했다. 2000년 560억 달러에 불과하던 서브프라임 모기지론은 2005년 5080억 달러로 늘었고 2006년 말 전체 주택담보대출 중 13%에 이르렀다.

예금은행들이 서브프라임 대출을 크게 늘릴 수 있었던 이유는 저소득층의 주택담보대출 수요뿐만 아니라 새로운 금융 수단의 개발도 있었다. 바로 자산담보부증권(Collateralized Debt Obligation)이다. 먼저 차입자의 채무불이행 위험을 은행이 부담하지 않고 이 채권을 주택저당 전문회사들에게 판매한다. 이 회사들은 이를 담보로 주택저당증권(RMBS)을 발행하고, 다시 투자은행이 이를 사들여 그 속에 편입되어 있는 저당채권들을 합치고 재분류해 자산담보부증권이라는 또 다른 파생 금융상품을 만든다. 그리고 신용등급을 매겨 외국은행 등 기관투자가 등에게 판매했다. 서브프라임 보기시론은 75%가 주택저딩증권에 편입되었고, 투자은행 자산담보부증권 편입자산의 45%를 차지했다. 구조가 복잡하지만 간단히 말해 저소득층이 주택을 사기 위해 은행에서 빌린 돈에 대한 은행의 채권이 이리저리 변형되어 여러 금융기관에 물리게 되었다는 말이다. 게다가 고위험 상품이지만 고수익 상품이기도 해서 해외의 기관투자가들이 앞다퉈 이를 사들였다.

문제는 2006년 이후 미국의 주택가격 상승세가 둔화되는 한편 금리까지 치솟으며 저소득층들이 빚 갚기를 포기하며 시작되었다. 2005년 9월 연체율 10.8%였던 것이 2007년 9월 16.3%로 치솟았다. 당연히 관련된 파생상품에 투자한 금융기관들은 대규모 손실을 입게 되었다. 금융시장 시스템의 안전성에 대한 신뢰를 잃게 되면 투자는 줄어들고 이는 전 세계 금융시장에 타격을 준다.

1929년 세계 대공황이 공장에서 활발한 생산이 이루어졌음에도 불구하고 노동자들의 임금은 그만큼 상승하지 않아 소비가 이뤄지지 않고 한순간 생산과 소비의 선순환이 무너진 것이라면, 2008년 금융위기는 실제 재화와 서비스는 활발히 교환되고 있었지만 앞서 언급한 서브프라임 모기지론에서 파생된 금융상품으로부터 시작된 금융경제의 위기가 실물경제에도 영향을 미친 결과였다. 이 과정에서 취약한 금융기관과 기업, 가계뿐만 아니라 국가마저 위기에 빠져 세계 경제는 침체하기 시작했다.

이로 인해 전 세계 경제학자들은 다시금 고민에 빠졌다. 1980년대 시장지상주의 경제학자 하이에크의 경제사상을 바탕으로 해 대처와 레이건이 시작한 신자유주의정책이 한계에 부딪혔기 때문이다. 서브프라임 모기지론 사태로 촉발된 금융위기에는 주택 투자를 통해 부자가 되고 싶었던 저소득층의 욕망과 이를 부추기며 무리한 대출을 해준 은행, 이를 다시 복잡다단한 상품으로 변형해 고위험 고수익을 노린 투자자들의 욕망이 맞물려 있었다. 또한 이 욕망의 고리들에는 고삐 풀린 시장이 있었다.

〈기생충〉을 통해 살펴본 빈부의 대립 구도

이 지점에서 영화 〈기생충〉을 언급하고 싶다. 〈기생충〉은 모두가 알다시피 세계 3대 영화제인 칸 영화제 황금종려상뿐만 아니라 일본 아카데미상 외국작품상, 영국 아카데미 외국어영화상과 각본상, 크리틱스 초이스 외국어영화상과 감독상, 그리고 미국 아카데미에서 작품·감독·국제장편영화·각본의 네 개 부문에서 상을 받을 만큼 전 세계적으로 인정받은 작품이다.

영화는 전원 백수로 살길 막막하지만 사이는 좋은 기택(송강호 분), 충숙(장혜진 분), 기우(최우식 분), 기정(박소담 분) 가족과 글로벌 IT기업 CEO인 박 사장(이선균 분), 연교(조여정 분) 가족, 그리고 숨겨진 또 다른 가족, 이렇게 세 가족의 이야기다. 기우는 명문대생 친구가 연결해주어 박 사장의 집에 고액 과외 자리를 얻게 된다. 졸업증명서를 위조하고, 어수룩하고 순진한 부자를 속여 가족들이 한 명씩 사기 취업을 하는 전반부는 경쾌한 리듬으로 도둑질을 모의하고 진행해가는 케이퍼 무비(caper movie)와도 같다. 하지만 뜻하지 않은 사건으로 집 안에 숨겨진 또 하나의 가족과 만나게 되는 지하실로 내려가며 영화는 끝없이 추락한다. 캐릭터 쇼가 펼쳐지며 웃음 가득했던 전반부가 끝나고 봉준호 감독의 그 어떤 영화보다 우울한 결말을 향해 침잠해간다. 특히나 마지막 장면을 보고 나면 한없이 마음이 무거워진다.

기택의 가족은 박 사장의 가족과 '냄새'로 구분된다. 처음에는 기정의 대사처럼 반지하 방의 눅눅한 냄새로 생각되지만 곧이어 이선균이 선을 확장해버린다. "왜, 지하철 타면 나는 냄새 있잖아"라고. 그 대사를 들으며 슬그머니 내 옷의 냄새를 맡아보았다. 고백하건대 지인과 서울 지하철 1호선의 냄새에 대해 이야기를 나눈 적도 있었다. 이 냄새란 물리적인 것만이 아니라 오랜 시간 형성된 타고난 분위기일 수도 있다. 일찍이 프랑스 사회학자 피에르 부르디외(Pierre Bourdieu)는 그의 저서 《구별짓기》(*La distinction: Critique sociale du jugement*, 새물결)를 통해 사회적 위치, 교육환경, 계급 위상에 따라 후천적으로 길러진 성향으로서 '아비투스'(Habitus)를 통해 계급이 나뉜다고 했다.

더 무서운 건 4:4 부자와 빈자의 대결 구도로 보였던 영화가 점차 빈자들 간의 대결로 이어지고, 부자들은 처음부터 끝까지 빈자들의 사연을 알 길도 없고 알려고 하지도 않는다는 점이다. 영화 〈기생충〉에서 부자는 질문을 하지 않을뿐더러 "부인을 사랑하십니까?"라는 조금이라도 사적인 질문이 들어오면 '선을 넘지 말라'고 말한다. 박 사장은 죽어가는 순간까지 기택이 왜 자신을 칼로 찔렀는지 알 도리가 없다. 그가 한 잘못이라곤 냄새로 뒷담화를 한 것뿐이기 때문이다. 〈기생충〉에서 박 사장과 연교는 기택 가족에게 표정과 뒷담화로 모멸감을 줬을지언정 직접적 해를 가하지 않는다.

암울한 건 비단 이 결론이 영화적 상상력만이 아니라 현재의 현실이라는 점이다. 토마 피케티(Thomas Piketty)가 《21세기 자본》(*Capital in the Twenty-First Century*, 글항아리)에서 여러 통계 자료를 통해 밝혔듯이, 지난 200년 동안 부와 소득의 불평등은 점점 심화되어 '세습' 자본주의가 되어가고 있다. 이 영화가 세계적으로 찬사를 받은 것도 전 인류의 이런 공통 문제를 잘 건드렸기 때문이다.

기택네 가족은 모두 백수지만 결코 무능하지 않았다. 비록 경력을 위조해 취업을 하지만 그들은 그 자리에서 척척 유능하게 일을 해낸다. 하지만 학위가 없고, 자격이 없으며, 부자들과의 연계고리가 없었기에 능력이 있어도 그 자리에 들어올 수가 없었다.

우리는 게으름뱅이도 사기꾼도 아닙니다

신자유주의의 비인간적 면모와 관련해 2016년에 개봉한 〈나, 다니엘 블레이크〉도 얘기하고 싶다. 평생을 성실하게 목수로 살아가던 다니엘은 지병인 심장병이 악화되어 더 이상 일을 할 수 없는 상황에 처한다. 치매에 걸린 아내를 오랜 기간 간병하느라 병원비로 돈을 나 써 사신의 심장병을 치료할 돈을 마련하기도 어렵다. 이런 상황에서 다니엘은 국가에서 질병 치료 시 보조해주는 돈을 받기 위해 관공서를 찾아간다. 하지만 사소한 수십 개의 질문을 던지며 복잡하고 관료적인 절차로 인해 신청은 지지부진해지고, 결국 질병수당도 실업수당도 모두 잘리게 된다. 전문의가 진단한 심장병을 다니엘을 대면한 적도 없는 공무원이

인정하지 않는 상황이다.

영화는 싱글맘 케이티의 유사한 사례도 보여준다. 케이티는 런던에서 사회시설의 단칸방에서 생활하다 겨우 집을 구해 생소한 뉴캐슬로 삶의 근거지를 옮겨왔다. 그렇지만 그녀는 약속 시간에 늦었다는 이유로 국가가 지급하는 생활보조금을 받을 수 없게 된다. 당장 아이를 학교에 보내야 하고 먹고 살 것이 없는 사정은 고려되지 않는다.

다니엘이 주장하는 '인간으로서의 존엄'은 너무나 당연하고 기본적인 권리임에도 꽉 막힌 사회 시스템 앞에서 번번이 좌절된다. 다시 한번 경제의 목적이 무엇인가를 고민하게 되는 대목이다. 사회를 전제로 한 경제, 인간의 얼굴을 한 경제가 목표여야 하지 않을까? 그렇지 않고 사회와 분리된 경제만을 목적으로 하는 것은 꼬리가 몸통을 흔드는 격이다.

사회적경제가 1997년 외환위기 시점에, 세계적으로는 2008년 금융위기를 겪으며 더욱 중요해진 이유도 여기에 있다. 사회적경제는 경제와 사회는 연결되어 있으며, 실업을 최소화하고, 경제활동이 사회를 풍요롭게 하는 데 기여해야 한다는 당연한 진리에 기반하고 있기 때문이다. 끝으로 영화 속 명대사를 통해 다시 한번 사람 중심의 경제를 꿈꿔본다.

나는 의뢰인도 고객도 사용자도 아닙니다.

나는 게으름뱅이도 사기꾼도

거지도 도둑도

부험번호 숫자도

화면 속 점도 아닙니다.

내 이름은

다니엘 블레이크입니다.

2012년 세계협동조합의 해

세계적으로 2008년 글로벌 금융위기를 겪으며 승자독식과 금융자본 중심의 고삐 풀린 시장경제의 문제점에 대한 지적이 많아졌다. 많은 학자와 정치인이 시장경제를 부정하지는 않았지만 어떻게 하면 이를 보완할 수 있을까 깊이 고민했다. UN에서는 글로벌 금융위기 이후 여러 나라의 경제 상황을 살펴보다가 협동조합이 있는 곳에서는 경제적으로 큰 피해를 보지 않았고 피해를 보았더라도 최대한 고용을 보장하며 위기를 이겨냈다는 사실을 발견했다.

2009년 4월 기준 45개의 유럽 은행들을 조사했을 때 모든 협동조합 은행의 등급이 여전히 A 이상이었다. 특히 네덜란드의 라보뱅크는 AAA 등급으로 세계 최우량 은행 중 하나로 선정되기도 했다. 라보뱅크는 네덜란드의 금융시장의 40%를 점유하고 있을 뿐만 아니라 한 개 은행당 7만 1천 명의 고객을 보유하고 있는데, 고객 5명당 1명이 조합원으로 구성되어 있다. 협동조합 은행은 조합원들의 편익과 안전한 자금

UN은 2012년을 세계협동조합의 해로 선언하고, 협동조합이 사회·경제 발전에 기여하는 것을 기념했다.

운용에 초점을 두고 있기 때문에 투자자 은행처럼 수익률 극대화를 추구하지 않는다. 따라서 금융위기 당시 해외 은행들과 기관투자가들이 미국의 주택담보대출로부터 파생된 고위험 고수익의 금융상품을 앞다투어 사들였을 때도 유럽의 협동조합 은행들은 무리한 투자를 하지 않았다.

또한 스페인의 몬드라곤 협동조합은 금융위기 때 수많은 기업이 파산하고 정리해고를 강행할 때 단 한 명의 해고 없이 안정적으로 성장했다. 몬드라곤 협동조합은 11개 협동조합과 120개 자회사 등 총 255개 사업체로 구성된 스페인에서 아홉 번째로 큰 기업이다. 금융위기 당시 세계적으로 도산율이 증가하고 고용률이 20%나 하락하며 스페인에서도 실업률이 17%에 이를 정도로 심각한 상황에서 몬드라곤 역시 2008년 그룹 전체 매출이 6.7% 줄었다. 그런데도 오히려 1만 4938명의 신규 고용을 창출했다.

더 나은 세상을 만들어가는 협동조합

이 원리는 협동을 통한 희생의 나눔에 있었다. 몬드라곤 그룹에 속한 조합 기업들은 모두 이윤의 10%를 그룹 본부에 낸다. 이 돈은 평소엔 새로운 조합 설립이나 신규 투자 재원으로 쓰이고 어려움에 빠져 적자가 발생하면 조합 적자분 50%를 3년 동안 그룹이 책임져준다. 이것이 조합의 회복탄력성을 높이고 결국 이러한 기적을 만들어낸 것이다.

협동조합은 무리한 자본 증식보다 구성원의 삶의 질 보장에 초점이 맞춰져 있었고, 경제위기 상황에서도 그 피해를 1/n로 나눠 감당해 함께 이겨낼 수 있도록 했다. 경제위기 상황에서 회사가 대주주의 이익을 위해 정리해고에 들어가는 것과 비교되는 부분이다. 한두 사람이 소유하고 한두 사람이 단독 결정하는 것이 아니라 구성원들이 공동 소유하고 민주적으로 운영하는 기업이 가진 특성이다.

이러한 경험은 협동조합이 위기에 강하고 일자리 창출에도 능하다는 새로운 평가를 가능하게 했다. 이에 UN의 반기문 사무총장은 "협동조합이 경제발전과 사회적 책임, 둘 다를 추구할 수 있다는 점"에 주목하여 2012년을 '세계협동조합의 해'로 선포하고 그 슬로건을 "협동조합은 더 나은 세상을 만들어간다"로 정했다.

또한 EU는 2009년 사회적경제의 개념인식·법적조치 권고 등 48개 항목의 '사회적경제에 관한 결의문'을 채택했다. 영국, 프랑스, 이탈리아, 캐나다의 퀘벡주 등에서는 사회적경제 관련 법률을 제정하고 직·간접적인 지원제도를 통해 다양한 형태의 사회적경제 기업의 활동을 보장하고 있다.

사회적 가치를 추구하는 경제활동

3장에서는 교육, 의료, 농업 등에서 사회적경제가

추구하고 실현하는 사회적 가치를 우리 삶의 영역에서

살펴봅니다. 우리 주변에는 사회적경제 기업들이

생각보다 많습니다.

환자와 의사가 소통하는
사회적경제 방식의 병원

: 드라마 〈슬기로운 의사생활〉

'슬기로운 의사'는 가능할까?

〈슬기로운 의사생활〉은 시청자들의 인기에 힘입어 '시즌 2'까지 이어졌다. 기존 의학 드라마가 긴장감 넘치는 수술 장면과 의사들 사이의 알력 다툼을 다뤘다면 〈슬기로운 의사생활〉은 99학번 의대 동기 다섯 명의 우정을 중심으로 대학병원 내의 여러 인물을 따뜻한 시선으로 둘러본다. 이 드라마는 큰 갈등 없이 자칫 밋밋할 수도 있는 잔잔한 이야기만으로도 시청자들을 매혹시켰다.

그나마 악역에 가까운 역할은 가끔 나오는 흉부외과 천명태

위에서부터 안성의료사협의 의사들.
민들레의료사협의 방문 진료 모습.
민들레의료사협의 공동체돌봄마을 계획 세우기.
(출처: 한국의료복지사회적협동조합연합회)

과장인데, 진료시간이 짧고 환자의 질문에도 불친절하게 대응하는 것으로 나온다. 반면 주인공 다섯 명은 환자들의 사소한 이야기 하나하나에 친절하게 귀 기울이고 몸뿐만 아니라 마음의 상처까지 이루만지려 노력한다. 환자는 의사에게 자신의 증상을 충분히 전달하고, 의사는 환자가 이해할 때까지 치료과정을 구체적으로 설명하는 이상적인 모습이다.

현실은 어떨까? 실제 대학병원의 의사는 천명태 과장과 더 비슷하다. 대학병원의 진료 실태에 대해 흔히 '한 시간 대기 3분 진료'라고 이야기한다. 특별히 의사들이 불친절해서가 아니다. 짧은 시간 동안 컴퓨터 모니터에 띄운 검사 결과를 보며 진단하고 처방하려면 환자와 눈을 맞출 겨를을 만들기 어렵기 때문이다. 바로 다음 환자를 봐야 하므로 의사는 한 환자의 말에 귀를 기울일 여유가 없다.

환자권리장전을 준수하는 의료복지사회적협동조합

〈슬기로운 의사생활〉처럼 환자와 의사 간의 따뜻한 소통이 있는 병원은 드라마에서만 가능한 것일까? 현실에 발 딛고 있는 이상적인 병원을 의료복지사회적협동조합에서 찾아볼 수 있다.

우리나라에서는 1994년부터 설립되기 시작해 2020년 기준으로 한국의료복지사회적협동조합연합회 회원 조합수는 23개이고 조합원 수는 4만 9007명, 출자금은 총 133억 원이다. 무엇보다 지역 주민과 의료인이 함께 협력하며 민주적 의료기관, 건강한 생활, 건강한 공동체를 만들어간다는 데 의미가 있다. 치료만을 목적으로 두지 않으며, 건강 유지 및 증진 활동을 위해 다양한 소모임과 예방교육을 실시하고, 가족 주치의 제도를 실천한다. 또한 질병 및 치료과정을 충분히 설명하며 환자권리장전을 준수한다.

나 역시 경기도 구리시의 느티나무의료복지사회적협동조합과 서울 은평구의 살림의료복지사회적협동조합에 가입해 많은 의료혜택을 누리고 있다. 느티나무의료사협에서 조합원 할인가로 영양제를 맞기도 하고 건강 예방 정보를 쉽게 접한다. 또 은평구 살림의료사협의 살림건강센터 '다짐'에서는 여러 운동 프로그램이 운영되고 있다. 무엇보다 이들 병원에서는 환자와 충분한 시간을 가지고 소통하며 상의할 수 있는 주치의를 만날 수 있다.

그런가 하면 마포의료복지사회적협동조합은 2018년부터 마포구청과 연계해 '더-이음 프로젝트'를 진행하고 있다. 이는 중장년 1인 가구를 서로 연결하여 사회적 고립과 고독사를 예방하는 프로그램이다. 내원과 주치의 상담, 건강검진, 진료뿐만 아니라 지지 서비스를 연결한다. 여기에는 중장년층 1인 가구들이 모여 한 끼 식사를 함께하며 정서 지지를 위한 관계 맺기 프로그램을 진행하는 이음식당, 더 이음 합창단, 봉사활동, 운동과 마임을 결합한 건강관리 행복마임 등 다양한 프로그램이 포함되어 있다.

의료사협이 추구하는 건강하고 행복한 마을 공동체는 고령화 사회에 정부에서 적극 추진하는 '커뮤니티케어'와도 연결되고 있다. 커뮤니티케어는 지역사회 기반 주거, 보건의료, 요양, 돌봄 등이 결합된 돌봄 서비스다. 이를 통해 환자들이 병원이 아닌 지금까지 지내온 정든 지역에서 함께 지낸 지역 주민들과 마지막까지 건강한 노후 혹은 건강한 일상을 영위할 수 있도록 한다. 이는 의료사협의 지향점과 맞닿아 있기에 2019년 보건복지부의 커뮤니티케어시범사업 및 선도사업에 안산, 부천, 화성, 전주의 느티나무의료사협이 참여했다. 또 인천평화의료사협, 마포의료사협, 용인해바라기의료사협, 시흥희망의료사업 등 다수의 의료사협이 지자체와 결합하여 사업을 진행하고 있다.[7]

의료공공성 확보와 반대로 가는 '비대면 의료'

걱정스러운 부분은 이러한 지역사회 기반의 공공의료 시스템의 방향과 반대로 가고 있는 '비대면 의료'다. 정부의 2021년

하반기 경제 활성화 정책을 위한 비대면 산업 육성의 일환으로서, 기획재정부를 중심으로 비대면 의료를 위한 인프라 구축 논의가 진행되고 있다. 비대면 의료는 이명박 정부 때부터 신성장 동력 고부가가치 서비스산업으로 추진되었고, 박근혜 정부 때는 창조경제의 하나로 제시된 원격의료의 또 다른 이름이다. 이명박 정부와 박근혜 정부 당시 야당이었던 더불어민주당은 의료공공성 저하를 이유로 들어 정부가 추진하는 원격의료 도입에 반대했었다. 그러나 지금은 원격의료에서 '비대면 의료'로 이름만 바꾸어 코로나 사태를 이유로 한시적으로 도입한 상태다.

코로나바이러스감염증-19를 가장 모범적으로 이겨내며 전 세계가 K-방역에 주목하게 된 원동력은 공공병원과 정부가 적극적으로 나서 '공적 마스크 공급'과 '진단키트의 신속한 공급' 등 공공정책을 폈던 사실에 있다. 비대면 의료는 이러한 의료의 공공성과 달리 의료 영리화와 대형병원 쏠림 현상을 만들 수 있다. 사실 지금도 대형병원 쏠림이 심각하다. 국민건강보험공단의 '2019년 건강보험 주요 통계'를 보면 전국 동네의원 3만 2491곳의 진료비 비중이 전체 요양기관 중 19.6% 수준이고, 42곳의 상급종합병원이 18.1%를 차지했다. 이런 상황에서 비대면 의료가 도입되면 각종 인프라를 갖춘 대형병원에서 진료를 보려는 경향이 더욱 도드라질 것이라는 분석이 지배적이다.[8] 드라마에서와 같이 환자와 충분한 시간을 가지고 소통하며 상의하는 '슬기로운 의사'들이 절실하다. 그런 의사들의 존재를 바탕으로 지역 주민들과 밀착된 지역 병원들이 활성화되어 대학병원 쏠림 현상에서 벗어날 수 있기 때문이다.

끝으로 살림의료복지사회적협동조합의 10원칙을 소개한다. 기획재정부의 신사업 동력 추진으로서 의료 서비스가 고려되는 것이 아니라, 우리 사회가 지향해야 하는 병원은 어떠해야 할까 함께 고민하는 가운데 의료 서비스에 대해 생각해보면 좋겠다.

1원칙: 자발적이고 개방적인 조합원 제도

살림의 가치와 목표에 동의하는 사람이라면 누구나 차별 없이 조합원이 될 수 있습니다.

2원칙: 조합원에 의한 민주적 통제

살림의 주인은 참여하고 협동하는 조합원입니다.

3원칙: 조합원의 경제적 참여

조합원 스스로 자본을 모으고, 사업소를 이용하고, 민주적 경영과 노동의 협동에 참여합니다.

4원칙: 자율과 독립

외부 기관이나 자본에 휘둘리지 않는 체계와 기준을 갖추고 돈으로
환산되기 어려운 사회적 가치를 계속 생산해나갈 수 있도록 사회적
조건을 바꿔갑니다.

5원칙: 교육, 훈련 및 홍보

모두가 더 잘 협동하는 조합원, 더 좋은 시민이 될 수 있도록 꾸준히
교육하고, 널리 홍보합니다.

6원칙: 협동조합 간 협동

'살림' 혼자만의 힘으로는 어려운 변화를 위해 다른 협동조합과 협동
하여 조합원과 이웃 모두를 이롭게 합니다.

7원칙: 지역사회에 대한 관여

지역사회 건강에 기여하고, 평등하고 평화로운 마을을 만들기 위해
애씁니다.

8원칙: 약자 우선과 다양성 존중

약자를 우선할 때 '약자를 만드는 구조'를 바꿀 수 있고 내가 약자가
될까 봐 두려워하지 않을 수 있습니다.

불평등과 차별이 없는 사회를 만들어 이웃과 함께 건강해집니다.

9원칙: 적정 의료와 건강증진활동

믿을 수 있고 지속가능한 의료를 실현히고, 우리 스스로 건강의 주

체가 되어 모두의 건강자치력을 키워갑니다.

10원칙: 호혜적 돌봄

돌봄이 존중되고 정의롭게 분배되는 구조를 만들어, 나이 들고 아파

도 존엄하게 살 수 있는 사회를 만듭니다.

세계 최초의 동물병원 협동조합

동물들을 위한 병원도 협동조합으로 운영되고 있다. 바로 우리동물생명병원 사회적 협동조합(이하 우리동생)이다. 우리동생은 2013년 1월 24일, 동물병원을 협동조합으로 설립할 수 있다는 생각에서 시작되었다. 현행 수의사법에 따라 비영리법인인 사회적 협동조합으로 2015년 2월 23일 농림축산식품부로부터 인가를 받았다. 전 세계에서 현재까지 유일한 동물병원 협동조합이다.

'처음으로 돌아가 다시 만들 수 있을까?'라는 질문에 선뜻 대답하기 어려울 만큼 반려인들이 주인이 된 협동조합 동물병원을 세우기까지 여러 어려움이 있었다. 협동조합 동물병원은 처음이었기에 농림축산식품부에서 제도적 검토를 하는 데에도 많은 시간이 걸렸다. 초기에 갖추어야 할 각종 의료장비에 대한 부담도 컸다. 비용 마련을 위해 조합원들은 계속 자금을 모아야 했다. 기존 의료생협의 경우 2천-3천만 원의 고액 출자자가 많았던 데 반해 20-30대 1인 가구가 중심이 된 조합원 특성상 100만~200만 원 출자자를 모으기도 쉽지 않았다.

무엇보다 처음에는 함께하려는 수의사를 구하기가 쉽지 않았다. 자 칫 협동조합 동물병원이 싼 가격으로 기존 동물병원을 위협할 수 있다 는 잘못된 인식 때문이었다. 이는 사람병원과 다른 동물병원 의료가격 시스템 때문이다. 동물병원은 표준진료비가 정해져 있지 않아 병원마다 치료비가 다르다. 우리동생은 다른 동물병원보다 무작정 싼 진료비를 내세우기보다는 적정 가격과, 진료 외에 반려동물을 위한 다양한 활동 을 조합원들이 함께 만들어가는 병원임을 적극 홍보했다. 이에 따라 시 간이 지나면서 협동조합 방식의 동물병원에 대한 이해도도 높아지고 함 께하려는 수의사도 늘어났다.

동물과의 공존 문화

이런 과정을 거쳐 2020년 조합원 수는 2290명으로 늘었고 2호점 을 개원하기에 이르렀다. 또한 진료 외에도 장애인 보조견 인식개선 교 육, 반려동물과 동반한 재난 대비, 고양이의 생애주기별 건강 상식, 길고 양이와 함께 살아가기, 반려견 산책 교육과 공격성 해결 교육 등 조합원 및 비조합원을 위한 다양한 교육 프로그램을 진행하고 있다.

2020년에만 고양이 중성화수술 및 추가 진료 지원 등을 통해 4억 원이 넘는 나눔을 실천했으며 취약계층의 반려동물 지원 등에도 8천여만 원의 나눔을 진행했다. 지자체와 지역사회 여러 곳과 연대한 나눔이었지만 '우리동생'이라는 협동조합이 없었다면 이루어지기 힘든 성과들이다.

끝으로 다른 협동조합과 달리 우리동생에는 정관 전문에 '사람 편'과 '동물 편'이 수록되어 있음을 강조하고 싶다. 동물 편 전문에는 "우리들은 말로 아픔이나 고통을 호소하지 못합니다. 우리들이 어디가 아픈지, 어떻게 불편한지를 알기 위해서는 오랜 관심과 관찰이 필요합니다. 우리들을 세심하게 진료해주며, 우리의 입장에서 적합한 치료가 이루어지는 우리동물병원생명 사회적 협동조합을 만들어주시기 바랍니다"라는 문구가 들어가 있다. 우리동생이 만들어가는 동물과의 공존 문화를 잘 보여주는 대목이다.

농업의 치유력을 증명하는
사회적 농업

: 영화 〈리틀 포레스트〉

각박한 도시생활에서 떠올리게 되는 농촌

〈리틀 포레스트〉는 2018년에 개봉한 잔잔한 감성의 영화로 자극적 소재의 영화들 사이에서도 150만 명의 선택을 받았고, 영화 평가 기준 10점 만점에서 9.04를 받았다. 이 영화는 일본의 이가라시 다이스케의 동명의 만화가 원작이며, 일본에서도 1, 2편으로 나뉘어 영화화되었다.

혜원(김태리 분)은 쫓기듯 고향으로 내려온다. 임용고시를 준비했지만 떨어지고 남자친구만 합격한다. 시험과 연애, 취업 그 무엇 하나 쉽지 않아 지쳐가던 어느 날 차갑게 식은 편의점 도시

락에 마음이 무너진다. 그렇게 따뜻한 밥 한 끼가 그리워 어릴 적 살던 시골 집으로 돌아온다.

그리고 이어지는 영화의 이야기는 무척 단순하다. 고향 집 친구들과 함께 직접 키운 농작물로 한 끼 한 끼를 만들어 먹으며 겨울에서 시작해 치유의 사계절을 보낸다. 제철 음식으로 나오는 배추전, 꽃 파스타, 아카시아꽃 튀김, 막걸리, 떡볶이, 양배추 빈대떡(오코노미야키), 감자빵 등은 요리를 잘 못하는 사람들에게도 한 번쯤 시도해보고픈 욕구를 불러일으킬 만큼 눈에도 예쁘고 맛있어도 보였다.

농촌에 대한 도시인들의 판타지라는 비판도 있었지만 각박한 도시생활에 힘들고 지쳤을 때 떠나온 고향 집을 떠올리는 건 자연스럽다. 나 역시 전남 장흥에서 어린 시절을 보내고 광주로 이사한 다음에도 방학이면 형과 함께 장흥의 외가에 가곤 했다. 엄한 부모님과 달리 외할머니는 손주들에게 한없이 너그럽고 자상했다. 그래서 더욱 어릴 적 추억이 있는 그곳에서 며칠을 보내고 나면 집에 가기 싫어질 정도였다. 지금도 힘들고 지칠 때면 그 시절의 기억을 되새겨본다.

나와 같은 사람들이 많기에 영화 〈리틀 포레스트〉를 비롯해 농촌에서의 생활을 다룬 여러 TV 예능 프로그램이 한동안 인기를 끌었다고 본다. 게다가 직접 귀농·귀촌을 하는 인구도 늘고 있다. 하지만 농촌 정착이 생각만큼 녹록하지는 않다. 농사를 지어본 적 없는 도시인으로서는 농사를 지으며 시행착오가 많을 수밖에 없고, 농업이 아닌 다른 일로 생계를 꾸리더라도 그 지역 원주민들 사이에 자연스럽게 섞여들기란 쉽지 않기 때문이다.

귀농·귀촌 청년들을 위한 협동조합

그런 의미에서 이번에는 '협동조합 젊은협업농장'에 대해 이야기해보려 한다.

충청남도 홍성군 홍동면에 위치한 풀무학교의 전공부 교사였던 정민철 이사는 제자들과 의기투합해 농사를 짓기 시작했다. 2011년 장곡면에 있는 비닐하우스 한 동을 빌려 채소를 키우고 '세 남자가 사랑한 쌈채소'라는 이름을 붙여 판매했다. 그리고 2013년 협동조합기본법이 시행되사 '젊은협업농상'이라는 이름의 협동조합으로 진화했다. 현재 젊은협업농장의 조합원은 50여 명이며 하우스는 총 여덟 동이다.

젊은협업농장 법인은 규모를 계속 키우기보다는 인큐베이팅 역할을 하면서 새로운 협동조합의 탄생을 돕는다. 현재까지 세 개의 협동조합이 새로 만들어졌으며, 그 중 협동조합 행복농장은 정신장애인들이 주체가 되어 농사를 짓는 협동조합이다. 하나의 거대한 조직으로 만들기보다는 독립시키고 분화시켜 여러 변화에 대응할 수 있도록 하면서도, 농장을 독립해 나가도 네트워크를 형성해 지속적 협력을 꾀한다.

무엇보다 젊은협업농장은 귀농·귀촌을 하려는 청년들을 위해 농업학교 기능을 하고 있다. 농업은 물론 농촌생활이 자신에게 잘 맞는지 알아보는 숙려기간과 인턴기간을 제공한다. 지자체나 농림부에서도 귀농·귀촌 교육 프로그램을 운영하고 있으나 정보 전달이나 이론 강의에서 그치는 경우가 많다. 이에 반해 젊은협업농장에서는 청년들이 직접 1년 정도 농사를 지으며 귀농·귀촌을 결정하도록 안내한다.

이렇게 충분한 시간을 들여 농촌과 농업을 경험하고 나면 훨씬 더 실질적인 판단을 할 수 있다. 또 농촌에 남고 싶지만 농업이 맞지 않는 이들에게는 마을에서 살아갈 수 있는 다른 일을 모색하도록 이끈다. 마을학교 강사 자리를 만들어주고, 각 협동조합에서 사진 촬영할 일이 생기면 사진 찍는 일을 하고 싶어하던 청년에게 맡긴다. 다양한 사람들이 다양한 경험을 기반으로 함께 배우고, 가르치고, 독립하고, 연대해간다.

최근에는 청년만이 아니라 청소년을 대상으로도 농업학교를 열고 있다. 경기도 성남에 있는 이우학교와 연결해 2박 3일 동안

젊은협업농장에서 실습하는 모습(출처: 젊은협업농장).

농업학교를 진행한다. 젊은협업농장만이 아니라 지역의 여덟 개 농장을 연결해 학생들 열 명씩을 보낸다. 짧은 기간이지만 농업에 대한 의미 있는 체험을 할 수 있도록 사전에 농가에서 교육을 진행하고, 지금 청소년들에게 부족한 공동노동을 경험할 수 있노록 한다. 협동심을 교과서에서 배울 뿐 직접 경험할 기회가 별로 없었던 청소년들에게 협동심을 기를 수 있는 기회를 제공하는 것이다.

열 명이 한 동의 하우스 작업을 끝내고 나면 서로에 대한 연대심도 커지고 만족감도 높아진다. 교실에서는 조용했던 친구들이 적극적으로 나서며 자부심이 커지기도 한다. 3년 동안 이렇게 농업학교를 경험하고 나면 애착도 커져 마지막에는 더 이상 올 수 없다고 우는 학생도 있다고 한다.

젊은협업농장의 정민철 대표는 청소년과 청년을 위한 농촌과 농업의 역할에 대해 다음과 같이 말한다.

> 도시에서 살다보면 한 번은 낙오되는 순간이 있을 것입니다. 그렇게 서울역 앞에 섰는데, 주머니에 달랑 2만 원만 있는데 어떻게 해야 할지 모를 때, 이곳을 떠올려볼 수 있을 거예요. 70-80년대 농촌 인구가 50%였다면 지금은 8% 정도죠. 지금 자라나는 청소년과 청년에게는 고향으로서 농촌이 없는 셈입니다. 좌절에 빠졌을 때 여기 오면 함께 농사짓고 사람들과 어울리며 살아갈 수 있습니다. 며칠, 몇 개월 그렇게 지내다 보면 몸과 마음이 조금씩 회복됩니다. 그렇게 이곳을 거쳐 간 친구들에게 위험사회에서 안전지대, 완충지대로서 역할을 하고 있다고 봐요.

〈리틀 포레스트〉에서 혜원의 엄마가 쓴 편지가 생각나는 대목이다.

> 혜원이가 힘들 때마다 이곳의 흙냄새와 바람과 햇볕을 기억한다면, 언제든 다시 털고 일어날 수 있을 거라는 걸 엄마는 믿어.

사회적경제 방식의 농장은 단순히 일자리를 제공하는 것만
이 아니라 청소년과 청년을 위한 농업 교육과 쉼터의 역할까지
해내고 있다.

생협, 꾸러미농산물 협동조합, 사회적 농업

농업 분야의 대표적인 사회적경제 기업은 1980년대 후반부터 성장한, 친환경 농산물을 판매하는 소비자생활협동조합 '생협'을 들 수 있다. 파는 사람은 농산물에 대해 유기농산물인지 아닌지 명확한 정보를 가지고 있지만 사는 사람은 도무지 알 수가 없다. 이른바 정보의 비대칭 문제다.

이런 문제를 해결하기 위해 소비자협동조합을 만들어 유기농산물 재배 농민과 사전에 계약을 해서 제대로 된 유기농산물을 골라내고, 안정적으로 유기농산물을 재배하도록 할 수 있다. 또한 생협은 가격 면에서 소비자와 농민 모두에게 만족할 수 있는 거래를 만들어낸다. 유통단계를 최대한 줄이고, 소비자 조합원이라는 든든한 구매층을 바탕으로 일반 기업보다 광고·홍보비 등 마케팅 비용을 줄일 수 있다. 무엇보다 시장 상황에 따라 오락가락하지 않고 생산자와 소비자가 함께 합리적인 가격을 결정해간다. 시중에서 배추 한 포기 값이 1만 원을 넘는 배추파

동 때에도 생협에서는 배추 한 포기를 1600원에 팔기도 했다.[9]

생협의 원리가 적용된 '꾸러미농산물 사업'을 하는 협동조합도 2012년 12월 1일부터 시행된 협동조합기본법(5인 이상 조합원을 모으면 누구나 금융·보험업을 제외한 모든 분야에서 협동조합을 만들 수 있도록 규정함) 이후 농촌에서 많이 만들어졌다. 도시에서 귀농한 이들은 처음에 농업기술이 부족해 여러 어려움을 겪는다. 귀농하기 전에 미리 준비했음에도 해당 지역의 토양이나 날씨에 대한 경험적 지식이 부족하기 때문이다.

이때 귀농인들은 마을 주민들과 관계를 맺으며 여러 팁을 전수받고 또 기존 주민들의 부족한 부분을 채워주는 협동조합을 만들 수 있다. 지역에서 생산되는 싱싱한 농산물을 도시 소비자에게 정기적으로 꾸러미로 포장 배송하는 직거래 사업 방식 등이다. 이때 귀농인들은 포장과 배송, 도시 소비자 조직 및 마케팅에서 기존 주민들보다 활동적인 역할을 할 수 있다. 그들이 아는 도시에 사는 사람들 중에는 제철에 나오는 신선한 농산물을 믿을 만한 사람에게 좀 더 적정한 가격에 공급받고 싶어 하는 이들이 있을 것이기 때문이다. 또 여기에 추가적인 가치를 담을 수 있다. 예를 들어 언니네텃밭 여성농민생산자 협동조합은 여성 농민과 소비자를 연결하는 것 외에도 토종씨앗을 통한 '우리 식량 주권 지키기' 운동을 하고 있다.

최근에는 사회적 농업도 주목받고 있다. 사회적 농업은 사회적으로 배제된 이들을 사회 안으로 끌어안는 농업 실천이다. 장애인, 재소자, 약물중독자 등 고용시장에서 소외된 이들을 적극적으로 고용하거나 이들에 대한 재활·교육·돌봄을 하는 농업이다.

이탈리아에서는 2015년에 사회적 농업법을 제정해 국가적으로 사회적 약자의 사회 적응과 진출을 도모하는 데 공을 들이고 있다. 이는 치유재활 협동조합, 노동통합 협동조합, 지역개발 협동조합 계열로 나눌 수 있다. 이탈리아의 사회적 농업은 지역사회와 소통하면서 사회적 가치가 담긴 윤리적인 상품을 개발하고 판매해 수익을 창출한다. 이를 통해 정부 보조금에만 의존하지 않는 지속가능한 모델을 만들어간다.

우리나라 농림축산식품부에서도 이러한 사회적 농업을 도입해 ① 농업 생산활동을 포함해 농촌자원을 활용한 활동을 기반으로 ②취약계층에 서비스를 제공하면서 ③지역사회와 지속적으로 협력하는 곳에 대해 사회적 농업 프로그램 및 네트워크 운영을 지원하고 있다. 사회적 농업 프로그램 운영 지원은 취약계층을 대상으로 한 교육·돌봄·고용 및 기타 프로그램 운영, 프로그램 기획비, 강사비, 재료비, 교통비 등이 대상이다.

일이 교육이고 생활인
발달장애인 사회적경제 기업

: 드라마 〈사이코지만 괜찮아〉

개인적으로 2020년 최고의 드라마로 〈사이코지만 괜찮아〉를 꼽는다. 방영 기간 시청률은 높지 않았지만 여러 가지 측면에서 화제가 되었다. 먼저 기존 한국 멜로 드라마에서 반복되던 밀어붙이는 '남자 실장 캐릭터'와 당당한 듯하면서도 의존적인 '여자 캔디 캐릭터' 성별을 전환해 신선함을 만들었다.

거침없는 센 여자 캐릭터는 〈별에서 온 그대〉(2013-2014)의 천송이(전지현 분)와 〈호텔 델루나〉(2019)의 장만월(이지은 분)도 있었지만, 이 드라마의 고문영(서예지 분)은 그 이상이다. 문강태(김수현 분)에게 처음부터 '갖고 싶다'를 반복하던 고문영은 사랑고백 방법도 남다르다. "사랑해, 사랑한다니까. 내가 사랑한다는데 왜 도망쳐"라고 소리친다. 자신 앞에 나타난 노출증 환자에게서도 눈을 돌리지 않고 "이래서 아담 아담 하는 거였나. 아담해서?"라고 대응할 정도다.

많은 여성들이 전무후무한 여성 캐릭터의 등장에 더 환호했다. 유튜브 영상 댓글 중 "언니, 절 가져요"라는 류의 반응에서 보듯 고문영은 여성들의 '완소'('완전 소중'의 줄임말. 소중하고 멋있는 물품, 인물 등을 지칭할 때 사용하는 신조어) 캐릭터로 자리 잡았다. '워너비'로서 센 언니들에 대한 선망의 연장선으로 〈코미디빅리그〉에서 안영미와 이국주의 '헤비멘탈' 코너, 이효리 등의 '환불원정대'에 열광했던 이유와 동일하다.

고문영이 자신의 욕망에 솔직한 거침없는 센 언니로 화제가되었다면 현실적이고 입체적인 발달장애인 문상태를 연기한 오정세도 연일 화제였다. 군 전역 후 처음 주연을 맡은 김수현 배우를 보러 왔다가 서예지와 오정세에게 반했다는 말이 나올 정도였다.

문상태는 자폐범주성장애(ASD)와 발달장애 3급의 고기능자폐장애(HfA)를 가진 인물로, 서른일곱 살이지만 변변한 직업 없이 동생의 도움에 의지해 살아간다. 혼자서 일상생활을 할 수 있고 그림에도 뛰어난 재능이 있지만, 발달장애인이 세상에 섞여 살아가기란 쉽지 않다. 문상태의 동생 문강태는 어머니가 돌아가시고 나서 형의 보호자 역할을 하며 모든 일상을 형을 돌보는 일에 맞추다 보니 1년에 한 번씩 직장을 옮기는 등 자신의 경력도 제대로 쌓지 못한 상태다. 그는 형에 대한 책임감으로부터 도망가고 싶어 하면서도 유일한 가족이기에 자신의 욕망은 모두 포기한 채 살아간다.

사회적 기업 베어베터

발달장애인 가족 모두에게는 드라마 속 문강태와 같은 어려움이 있다. 보건복지부에서 3년마다 진행하는 2017년 '장애인 실태조사'에 따르면, 우리나라 장애 추정 인구는 267만 명으로 전체 인구에서 5.39%를 차지한다. 20명 중 한 명은 장애인인 셈이니 4인 가구 기준으로 하면 다섯 가구 중 한 가구는 장애인과 함께 살아가는 것이다. 이중 지적장애와 자폐성장애를 합친 발달장애인은 약 22만 명에 이르며 매년 증가하고 있는데, 전체 중증장애인(1-3급)의 약 23.1%를 차지하고 있다.

이들은 인지와 의사소통 능력의 제약으로 교육과 고용, 일상생활 등에서 외진 곳으로 내몰린다. 한국보건사회연구원의 2019년 "발달장애인 생활실태 분석 및 통계 구축방안 연구"에 따르면, 15세 이상 발달장애인 인구는 18만 6257명이고 그중 취업자 수는 6만 2284명으로, 인구 대비 취업자 비율이 33.4%로 나타났다. 비장애인의 취업자 비율 43.5%에 비해 10% 낮은 수치다. 또 직장 월평균 임금(세금공제 전) 평균은 67.5만 원이고 현 직장 근무 기간은 50.2개월로, 보다 나은 일자리의 확대가 필요한 실태다.

그런 점에서 시장에서도 해결해주지 못하고 정부도 다 채워주지 못하는 발달장애인 가족의 어려움을 해결하기 위해 그 가족들이 직접 나서서 새로운 길을 만들어가는 사회적경제 기업의 활약에 주목할 필요가 있다.

베어베터는 사회적 기업으로 명함 인쇄, 커피 로스팅, 꽃장식에 들어가는 리본 생산, 제과 등 다양한 사업을 하고 있다. 곰(bear)을 닮은 발달장애인이 더 나은(better) 세상을 만들어나간다는 의미를 담은 이 회사는 네이버의 임원이었던 김정호와 이진희가 창립했다. 이진희 대표는 2010년 임원직을 그만두고 2년간 자폐를 가진 둘째 아이를 돌보며 '한국자폐인사랑협회' 활동을 이어갔다. 그러면서 발달장애인의 교육과 훈련만큼이나 그들의 능력을 발휘할 수 있는 '일자리'가 중요하다는 걸 깨닫고 직접 팔을 걷어붙여 사회적 기업을 창립했다.

2012년 발달장애인 다섯 명을 채용하고 시작한 회사는 2019년 240명을 고용할 만큼 성장했다. 이 회사 직원의 80%가 발달장애인이다. 또 이 회사는 연계고용제도를 통해 대기업 및 중소기업과 연계성을 강화하고 있다. 연계고용제도는 장애인고용부담금 납부 의무가 있는 사업주가 장애인 직업재활시설 또는 장애인표준사업장에 도급을 주어 그 생산품을 납품받는 경우, 사업주가 장애인을 고용한 것으로 간주하는 제도다. 제도를 활용할 경우 거래금액의 50%까지 부담금을 감면시켜주는데, 베어베터는 2020년 약 400개 업체와 연계해 44억 원의 부담금을 감면해냈다.

꿈고래놀이터부모협동조합

발달장애 아동들을 대상으로 언어·인지·감각통합·미술·놀이·그룹 등 치료교육을 제공하는 꿈고래놀이터부모협동조합도 있다. 장애 아동들은 학원 대신 치료실을 다니는 경우가 많은데, 보통 사설 치료실에서 50분의 교육을 받으려면 7-10만 원 정도의 비용이 든다. 반면에 이 협동조합에서 운영하는 치료실은 동일 시간 4만 원의 비용이면 충분하다. 그렇다고 치료교육의 질이 낮지도 않다. 사설 치료실은 일반적으로 수익의 60%는 선생님, 나머지 40%는 센터장이 가져가는 구조인데, 협동조합에서는 이

꿈고래놀이터부모협동조합 언어치료 모습(출처: 꿈고래놀이터부모협동조합).

꿈고래놀이터부모협동조합 외부 경관(출처: 꿈고래놀이터부모협동조합).

40%를 부모와 치료사, 상담사에게 환원하기 때문이다.

발달장애인 부모들이 협동조합으로 힘을 모아 그들의 어려움을 직접 해결하고 있는 꿈고래놀이터부모협동조합은 2015년에 설립되었다. 그리고 계속해 봉담, 동탄, 수원 등에서 발달장애 아동 대상 심리치료센터를 만들어가고 있다.

〈싸이코지만 괜찮아〉는 발달장애인 형 상태가 그림을 그리는 일을 하기로 마음먹으며 동생 강태의 등에서 벗어나 자신의 길을 걸어가는 것으로 마무리된다. 발달장애인 사회적경제 기업이 많아진다면 보다 많은 발달장애인이 자신의 길을 찾아갈 수 있지 않을까.

이탈리아 논첼로 사회적 협동조합

이탈리아에서는 1978년에 세계 최초로 "바자리아법"이라는 정신병원 폐기법을 제정하고 '자유가 곧 치료'라며 격리 수용하던 정신질환자들을 대거 퇴원시켰다. 정신장애인도 다른 환자들, 다른 사람들과 동등하게 '시민'으로서 대우받을 수 있도록 하기 위함이었다. 정신병원 폐쇄로 인해 병원 중심 서비스가 지속적으로 감소했지만 지역사회 중심 서비스(외래 서비스, 주간 서비스, 가정방문, 주거 서비스 등)가 서서히 증가하며 그 공백을 채워갔다. 우리나라에서 최근 들어 강조되고 있는 커뮤니티 케어(돌봄이 필요한 사람들이 자택이나 그룹홈에 거주하면서 지역사회의 관리 및 보건·복지 서비스 등을 제공받는 시스템)가 이와 같은 맥락이다.

이탈리아에서는 지역사회 중심 서비스에 더해 사회적 협동조합을 통해 정신장애인의 자립을 이어갔다. 지역사회에서 농업, 건축, 청소, 재봉, 호텔 운영, 레스토랑, 홈 케이터링 등의 사업에 정신장애인이 비장애인과 같은 업무를 수행하고, 모든 조합원이 동등한 권리(투표권 등)를 가지게 된 것이다. 이는 정신장애인의 자립을 도모할 뿐 아니라 가족들의 돌봄 부담을 경감시키며 지역사회의 경제 발전에도 효과적이었다.

여기에는 국가적 지원정책도 한몫했다. 1991년에 제정된 법률 381(사회적협동조합법)은 사회적 협동조합이 최소 30% 이상 장애인을 고용하도록 하여 정신장애인의 일자리를 보장했다. 또 지방정부는 협동조합 시행 초기에 많은 사업을 협동조합에 위탁하고 공동구매함으로써 협동조합의 출발을 도왔다.

위 캔 두 댓!

이탈리아의 '논첼로 사회적 협동조합' 역시 그러한 사례 중 하나다. 논첼로 사회적 협동조합은 1981년 이탈리아 북부 밀라노에서 바자리 아법 시행으로 문을 닫게 된 병원의 의사 세 명과 환자 여섯 명이 만들었다. 현재는 조합원이 700여 명이며, 이 가운데 30%가 정신장애인 등 소외계층이다. 논첼로 사회적 협동조합은 숙련된 기술이 필요한 녹지 관리와 청소, 물류, 대기업 파견까지 10여 개의 사업에서 정신장애인과 비장애인이 똑같이 일한다. 기술력을 인정받아 옛 소련 시절 크렘린궁 전의 복도 공사를 한 경력이 있으며, 고객의 만족도가 높아 현재 거래처 가 1천여 곳이고, 2018년 매출액이 170억 원을 넘었다.

정신질환자들에게 목공과 도예 기술 등을 가르쳐 직업훈련이 이루어지도록 하며, 일을 시작했다가 병증이 나빠지면 비교적 쉬운 농장관리 등을 하며 사회활동을 이어가도록 한다. 영화 〈위 캔 두 댓!〉(2008)은 이 논첼로 사회적 협동조합을 모델로 하고 있는데, 스토리텔링도 좋고 감동적인 부분도 많아 독자 여러분께 추천해드린다.

협동조합을 통해 바뀌어가는 장례문화

: tvN의 〈유 퀴즈 온 더 블럭〉 박진영 편

tvN의 〈유 퀴즈 온 더 블럭〉은 내가 즐겨 보는 예능 프로그램으로, 유재석과 조세호가 동네를 돌아다니며 만나는 사람들과 소박한 담소를 나누며 깜짝 퀴즈를 내는 길거리 토크앤퀴즈쇼다. 출근 시간인 9시부터 촬영을 시작해 오후 6시 정각에 칼같이 촬영을 마무리하는 방식도 좋았다. 미리 정해진 게스트 없이 지나가는 시민들을 섭외하기에 방송 분량을 충분히 뽑아낼 수 있을까 싶은데도 유재석과 조세호의 편안한 입담으로 예측하지 못했던 시민들의 이야기를 끌어내곤 한다.

코로나 팬데믹 상황으로 인해 불가피하게 미리 선정된 인물을 만나는 방식으로 방송이 바뀌면서 아쉬운 부분은 있지만, 다른 예능 프로그램과 달리 잔잔하고 소박한 이야기를 하는 분위기는 그대로여서 여전히 즐겨 보고 있다. 그리고 출연하는 연예인들도 다른 프로그램에서와는 다른 느낌의 이야기를 풀어내곤 한다.

2020년 8월에 방영된 박진영이 나왔던 에피소드도 그런 점에서 흥미로웠다. 비슷한 시기에 출연했던 다른 프로그램에서와 달리 박진영의 인생관에 대해 깊은 이야기를 들을 수 있었다. 박진영이 유재석에게 '죽음이란 무얼까'란 질문을 던지며 예능 프로그램에서는 접하기 힘든 죽음에 대한 이야기가 오갔다.

> 유재석: 죽음에 대해서 심각하게 생각해본 적은 없는 것 같아요. 막상 죽음에 대해서 생각하면 외면하게 되죠. 회피하게 되는 것도 좀 있는 것 같고요.
>
> 박진영: 죽음이 무섭나요?
>
> 유재석: 죽음을 생각하면 무섭다기보다는 좀 갑갑하죠. 뭐가 어떻게 되는 건지 모르니까… 내가 다시 환생을 하는 건지 아님 그대로 묻혀서 내 기억 모든 게 사라지는 건지… 그러니까 좀 슬퍼요. 그래서 생각하다가 에잇 하고 그냥 말아버리죠.

'웰 다잉'과 '작은 장례' 문화

죽음을 회피하고 싶은 마음은 비단 유재석만이 아니라 우리 모두의 마음일 것이다. 그러나 죽음은 우리 모두 피할 수 없고 인생에서 그 어느 것보다 공평하게 누구에게나 다가오는 확실한 사실이다. 메멘토 모리(*Memento mori*)는 '네가 죽을 것을 기억하라'는 뜻의 라틴어 낱말이다. 처음이 있으면 끝이 있기에 삶과 죽음은 하나일 수밖에 없다. 그런데 어떻게 태어나느냐는 우리가 정할 수 없지만 어떻게 죽느냐는 준비할 수 있다.

이와 관련해 한겨레두레 협동조합에 대해 살펴보려 한다. 이 협동조합은 풀뿌리 공제정신에 공감한 사람들이 모여 상업화된 장례문화를 개선하고 올바른 인식을 고취할 목적으로 설립되었다. 2009년 '한국 상조사업의 현황과 대안' 심포지엄을 시작으로 2010년에 '한겨레두레공제조합연합회 준비위원회'를 출범하고 2013년부터 지역별 협동조합 법인을 설립했다. 한겨레두레 협동조합은 혼탁한 상조시장의 문제를 해결하여 조합원이 안심하고 장례를 치르도록 돕는다. 선수금의 50%를 안전하게 예치하고 맞춤형 장례와 직거래 공동구매로 비용을 줄일 수 있도록 안내한다.

무엇보다 내가 주목한 부분은 한겨레두레 협동조합이 바꿔가는 장례문화다. 이를 위해 협동조합에서는 '채비'라는 새로운

화사하게 꾸며진 '채비'의 장례 공간에서 메모리얼 카드를 다는 모습(출처: 한겨레두레협동조합).

장례서비스 브랜드를 내세우고 있다. '채비'는 '채우고 비운다'에서 따온 말이기도 하지만 본래 의미는 "어떤 일을 하기 위해 필요한 자세나 물건을 미리 갖추어 차린다"란 뜻이다. 죽음을 회피하지 않고 살아 있는 동안 천천히 '웰 다잉'을 준비하며, 현재와 같은 조문객 접대 중심이 아니라 장례의 원래 취지에 맞게 고인과 가까웠던 사람들 중심으로 한 추모에 집중하는 '작은 장례' 문화를 내세우고 있다. 모두 새로운 장례문화를 만들어가려는 조합원들이 있기 때문에 가능한 일들이다.

서울 충무로에 위치한 채비의 장례 공간은 병원 지하의 어둡고 꽉 막힌 공간과는 달리 2층에 있는 너른 옥상과 함께 카페처

추도식 모습(출처: 한겨레두레협동조합).

럼 꾸며진 화사한 곳이다. 탁 트인 밝은 이 공간에서 고인에 대한 기억을 공유하고 추도사를 읽으며 기념하는 카드를 읽는다.

　나 역시 죽음은 두렵고 피하고 싶다. 하지만 채비를 방문하고 조합원으로 가입하면서 내 장례식도 채비에서 하고 싶다는 생각을 하게 되었다. 미리 사람들에 대한 미안함과 고마움을 적거나 영상으로 찍어 장례식에 오는 사람들과 공유하고 싶다. 혹여라도 재산이 있다면 기부할 곳을 공유하는 자리가 되면 좋겠다. 아프리카 가나의 장례식 문화처럼 관을 들고 춤을 추기까지는 않더라도, 흥겨운 노래 속에서 나의 미소가 담긴 사진이 계속 이어지면서 슬프지 않게 나를 보내는 자리가 되기를.

공제와 사회적경제

'공제'는 사람들이 지역이나 직장에서 사회적·경제적 또는 문화적 필요를 협동하여 해결하기 위해 만든 조직을 기반으로 경조사를 비롯해 생활 속 다양한 위험을 보장해주는 상호부조제도다. 공제의 영어인 '뮤추얼'(mutual)도 원래 mutual-aid의 약자로 '상호부조'를 뜻한다. 공제의 기원은 로마 시대 콜레기아(collegia)라고도 본다. 콜레기아는 신에 대한 종교의식을 치르기 위해 만들어진 조직으로, 조합원이 사망하면 장례 지원금을 지급했으며, 이 지원금은 유족의 생활비로 사용되었다. 일종의 생명공제인 셈이다. 이후 중세 유럽의 길드조직은 사망뿐 아니라 화재, 질병, 도난 등 조합원의 각종 피해를 보상했다. 공제 중 일부는 훗날 보험회사로 성장했는데, 로이즈, 코베아(COVEA), 일본생명보험 등이 그 예다. 보험회사를 주주가 소유한다면, 공제는 조합원이 소유하고 이용하는 협동조합 방식이다.[10]

공제와 보험회사의 차이점

18세기 산업혁명 이후 노동자들은 스스로의 삶을 보호하고자 공제를 활용했다. 앞에서 소개한 로치데일공정선구자 협동조합도 노동자들이 어려움을 당할 때 출자금으로 공제 역할을 했다. 19세기 캐나다 농민들은 일반 보험회사의 가입 대상이 아니었기 때문에 이상기후나 흉작 등 위험에 대비하기 위해 공제조합을 만들었다. 또한 각 주에서는 군 단위로 농민들이 공제회를 설립할 수 있도록 입법하여 공제조합의 발전을 지원했다.

몬드라곤 협동조합 역시 공제조합을 발전시켰다. 당시 노동자들은 자신이 일하는 기업에 출자했다는 이유로 바스크주의 사회보장 체계에서 자영업자로 분류되어 고용보험에 가입할 수 없었다. 이에 1959년에 라군아로(Lagun-Aro)라는 공제조직을 만들어 실직에 대비했으며 이후 노동자들의 연금으로까지 확장되었다. 이러한 공제가 있었기에 고용위기가 찾아왔을 때 일시 휴직이나 전환배치 시 수당을 지급하거나 고용지원 프로그램을 운영할 수 있었다.[11]

이처럼 공제는 투자자 중심의 보험회사와 달리 노동자와 농민의 삶을 보호하는 데 목적을 둔다. 유럽에서 사회적경제의 주된 구성 주체로 협동조합, 상호공제조합, 민간단체(association)를 꼽는 이유다. 프랑스에만 공제조합을 포함한 공제조직이 약 540개 있으며. 유럽의 경우 공제가 전체 보험시장에서 40% 가까운 점유율을 보인다. 일본에서는 협동조합 공제가 보장 부문에서 차지하는 비중이 14%이며, 공제사업을 실행하는 조합과 연합회가 약 2천여 곳으로 집계된다.

또한 상호공제조합은 지역사회에도 많은 기여를 하는데, 이는 코로나바이러스감염증-19에 대처하는 모습에서도 잘 나타났다. 보험회사에서는 전염병이나 팬데믹을 지급대상으로 잘 보지 않지만, 공제조합은 보장범위를 확대하거나 수입이 감소한 계약자의 경우 일정 기간 보험금을 납입 유예해주거나 하는 등의 조치를 취했다. 특히 프랑스의 540여 개 공제조직은 다양한 코로나19 대응 활동을 펼치고 있다. 공제조직이 운영하는 병원은 코로나 환자 치료 전용 유닛을 새로 마련했고, 공제조직이 운영하는 노인요양 시설에서는 고령자와 가족을 연결하는 핫라인을 설치하고 임상심리사를 배치했다. 또 20여 곳의 아이돌봄 시설에서는 시간 외 보육도 제공한다. 교통사고가 감소한 만큼 자동차보험 가입자에게 보험금을 돌려주기도 했는데, 그 규모가 1억 유로(약 1331억 원) 정도로 차량 한 대당 30유로(약 4만 원) 상당이다.

우리나라의 상황

아쉽게도 우리나라에서는 공제조합이 잘 발달하지 못했다. 새마을금고와 신협 등에 공제가 있지만 보험에 비해 이용률이 무척 낮다. 또 2010년 생협법이 개정되며 공제사업 근거가 마련되었지만 현재까지 별 진척이 없는 상황이다. 협동조합기본법상 사회적 협동조합과 협동조합연합회는 기획재정부 장관의 인가를 받아 소액 대출사업과 공제사업을 일정한 조건하에 할 수 있지만 아직은 여력이 있는 곳이 거의 없다.

다만 사회적경제와 관련해 공제조합처럼 협동조합 형태로 만들지는 못했지만 공제 역할을 하는 공제기금들이 있다. 먼저 기업공제기금으로서 사회혁신기금(한국사회혁신금융), 사회적기업연대공제기금(한기협공제사업단), 서울협동조합협의회 등이 있다. 다음으로 전국주민협동연합회 소속의 자활공제기금이 있다. 이 밖에도 지역 기반의 자조기금, 전라북도 완주군의 사례에서 볼 수 있는 마을기금, 그리고 공익 활동가들을 위한 공제 역할을 하는 공익활동가사회적협동조합 동행 등이 있다.

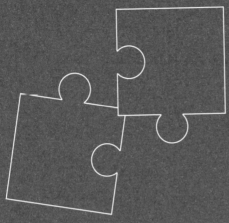

4장

사회적경제의 운영원리

4장에서는 사회적 기업가 정신을 살펴보며

사회적경제의 대표 조직인 협동조합을 통해 사회적경제의

운영원리를 살펴봅니다.

사회적 기업가의 자질

: ⟨월드 워 Z⟩

영화 ⟨월드 워 Z⟩(2013)는 좀비 영화 중 제작비 1억 9천만 달러 (2147억 원)를 들인 블록버스터이자 전 세계적으로 총 5억 4천만 달러(6103억 원) 매출을 올린 흥행 영화다. 브래드 피트가 출연한 영화 중 최고의 흥행작으로 우리나라에서도 523만 명이 관람했다.

워낙 많은 제작비가 투입되다 보니 보다 다양한 관객층을 흡수하기 위해 이 영화는 좀비 영화 특유의 잔혹한 묘사는 최대한 줄이고 전 세계적 차원의 대규모 재난 영화의 면모를 갖췄다. 이 영화의 원작 팬이나 좀비물 마니아들에게는 아쉬울 수 있는 부분이지만 그래서 오히려 좀 더 많은 사람들이 편하게 감상할 수 있었는지도 모른다.

이 영화로 인해 좀비 영화도 블록버스터로 성공할 수 있다는 흥행 공식이 만들어졌고, 이후 우리나라에서도 1천만 관객을 넘긴 〈부산행〉(2016), 세계적 찬사를 받은 김은희 작가의 〈킹덤〉(2019), 〈부산행〉의 후속작 〈반도〉(2020)까지 이어질 수 있었다.

영화는 제목 그대로 좀비에 대한 세계대전을 그린다. UN 조사관으로 활동하다 은퇴한 제리(브래드피트 분)는 가족과 함께 뉴욕에서 단란하게 살던 중 도시 전체에 급작스럽게 나타난 좀비 떼를 만난다. 제리 가족은 간신히 미국 정부가 피신해 있는 항공모함에 도착하고, 제리에게는 좀비바이러스의 진원지와 좀비들의 약점을 찾아오라는 임무가 맡겨진다.

관찰을 바탕으로 문제를 파악하는 능력

이 영화를 소개하는 이유는 제리가 좀비에게 대처하는 자세가 사회적 기업가의 그것과 유사하기 때문이다. 사회적 기업가는 기업가와 유사하면서도 다른데, 이를 비교하면 다음과 같다.

먼저 기업가(entrepreneur)는 외부 환경 변화에 민감하게 대응하며 항상 기회를 추구하고, 그 기회를 잡기 위해 혁신적 사고와 행동을 하면서 시장에서 새로운 부가가치를 창조하고자 하는 사람이라고 정의할 수 있다. 반면 사회적 기업가(social entrepreneur)는 다양한 사회문제를 비즈니스 원리를 이용해 지속가능하게 해결해가고자 하는 기업가다. 사회적 기업가 역시 기업가지만 사회문제의 해결을 목적으로 한다는 점에서 차이가 있다. 또한 기업가는 자신과 투자자의 이익을 실현하는 반면 사회적 기업가는 사회문제 당사자들을 비롯해 포괄적 이해관계자에게 전달되는 사회적 영향을 중시한다. 사회운동(social movement)이 일시적이고 즉각적인 변혁을 추구하는 데 반해 사회적 기업가는 비즈니스 모델을 구축해 지속적이고 장기적인 변혁을 추구한다.

제리가 좀비의 약점을 찾아 헤매는 여정을 살펴보면 사회적 기업가가 갖추어야 할 자세를 알 수 있다. 먼저 제리는 기존의 사고에 갇히지 않고 본인의 관찰을 바탕으로 문제점을 파악한다. 처음 뉴욕에서 좀비와 맞닥뜨렸을 때, 도망치는 와중에 침착하게 사람들이 좀비로 변하는 과정을 살핀다. 이렇게 해서 좀비에게 습격받은 사람이 좀비로 변하기까지 12초가 걸린다는 사실을 알아낸다. 헬기로 탈출하기 위해 아파트 옥상으로 가던 중 좀비의 피가 입속으로 튀어 들어왔을 때에는 좀비로 변하면 자살하려고 난간에 서서 12초를 센다. 다행히 좀비가 되지 않자 좀비의 피가 유입된 것만으로는 좀비로 변하지 않고 좀비에게 물렸을 때 좀비로 변한다는 사실을 알아낸다. 사회적 기업가도 곁으로 보이는 현상만이 아닌 '진짜 문제'가 무엇인지 파악해내고자 노력한다.

시각장애인을 위한 시계이자 패션 시계로도 유명한 한국의 브래들리 시계는 이러한 사회적 기업가의 관찰 능력의 중요성을 잘 보여주는 사례다. 브래들리 시계를 만들어낸 이는 미국 유학 시절 시각장애인이 수업시간에 시간을 알기 어렵다는 사실을 알아챘다. 시간을 볼 수 없어 시간을 알 수 없다? 이는 현상일 뿐 진짜 문제는 아니었다. 핸드폰 시계나 내비게이션이 음성으로 '12시!'라고 알리는 것처럼 시각장애인을 위한 기존의 시계들도 청각을 이용했기 때문이다. 진짜 문제를 찾고나니 해결책을 찾기도 수월했다. 시각장애인은 시각을 활용해 시계의 눈금을 볼 수는 없지만 그렇다고 청각으로만 시간을 알 수 있는 것은 아니다. 그렇다. 촉각을 이용한 시계를 만들 수 있지 않을까? 그다음부터는 기술개발과 디자인 작업이 관건이었다. 그리고 결국 촉각을 이용할 수 있도록 시침과 분침을 가리키는 두 개의 구슬과 12시를 기점으로 각 시각에 눈금이 정착된 시계가 만들어졌다.

또 하나 다른 예를 들어보자. 불가능해 보이는 상황에서 놀라운 변화를 만들어낸 공통 원리를 탐구한 책 《스위치》(Switch, 웅진지식하우스)에는 1990년 베트남 아동들의 영양실조 문제를 해결하는 과정이 나온다. 이 문제에 대한 종전의 해결책은 당시 베트남의 위생 설비가 형편없었고, 깨끗한 물이 충분히 공급되지 않았으며, 시골 사람들은 대개 영양실조에 대해 무지하다는 분석을 바탕으로 하고 있었다. 책에서는 이를 'TBU'(True But Useless), 즉 '사실이지만 쓸모가 없는' 것이라고 말한다.

해결책은 책상머리가 아닌 현장에 있었다. 당시 베트남의 여러 불리한 조건에서도 건강을 잃지 않은 아이들이 있었다. 이들은 형편없는 식품으로 취급되던 작은 새우와 게, 고구마 잎을 하루에 네 차례 먹고 있었다. 이 형편없는 음식이 아이들에게 단백질과 비타민을 보충해주었고, 네 번에 걸친 식사로 적은 양의 음식이더라도 높은 비율로 소화·흡수시켰다. 이전의 분석을 무시하고 현장에서 6개월 동안 이런 사실을 잘 관찰하고 적용한 이후 65%에 이르는 아이들의 영양 상태를 개선할 수 있었다.

관찰에 기반해 가설을 검증하는 과정

다음으로 제리는 문제를 해결하기 위해 책상머리에 앉아 아이디어를 떠올리는 것만이 아니라 현장을 누비면서 관찰을 바탕으로 만들어낸 가설을 토대로 직접 검증 과정을 거쳤다. 제리는 전직 UN 조사관으로 UN의 제재 또는 규정을 위반하는 행위가 일어나고 있는지 또는 일어날 가능성이 있는지를 조사하는 일을 해왔다. 따라서 현장에서 발로 뛰며 수집한 자료를 바탕으로 분석하는 능력이 훈련되어 있었다.

제리는 이스라엘에서 좀비들이 병자는 물지 않고 그냥 지나친다는 사실을 발견했다. 이를 토대로 좀비의 시점에서, 여타의 질병에 걸려 건강하지 않은 인간은 병(좀비화)을 퍼뜨리기 위한 숙주 생산에 도움이 되지 않는다고 판단하여 공격하지 않는다는 가설을 세운다. 그리고 이 가설을 검증하기 위해 직접 악성 균을 몸에 투입한 뒤 좀비 옆을 지나친다. 다행히 제리의 가설은 들어맞았고, 이렇게 입증된 실험을 근거로 일명 '위장 백신'을 제작하여 본격적으로 좀비와 전쟁을 치를 무기를 갖게 된다.

사회적 기업가 역시 문제를 발견하고 해결책을 찾았더라도 이를 위한 제품이나 서비스 판매를 곧바로 하지 않는다. 우선 프로토타입, 즉 시제품을 만들어 현장에 적용해본다. 이와 관련해 많이 언급되는 유명한 사례로 '플레이펌프(playpump)를 활용한 아프리카 물 문제 해결 프로젝트'가 있다.

플레이펌프는 초등학교 운동장에 설치된 놀이기구인데, 아이들이 플레이펌프를 돌리면서 놀기만 하면 지하에서 물이 올라와 물탱크를 채우게 된다는 프로젝트였다. 이 설비를 만드는 데 필요한 돈은 후원금과 광고판 설치를 통해 얻을 수 있다고 보았고,

플레이펌프가 설치된 모습(출처: http://barefooteconomics.ca/).

플레이펌프에서 놀고 있는 아이들(출처: http://www.playpumps.co.za/).

사회적 기업가의 참신한 아이디어는 금세 큰 호응을 얻었다. 1천 대가 넘는 플레이펌프가 남아프리카공화국과 모잠비크에 설치되었다.

결과는 어땠을까? 참혹한 실패였다. 놀이였던 플레이펌프가 중노동이 되면서 더 이상 아이들이 플레이펌프에서 놀지 않았기 때문이다. 제품을 작동시키는 데 필요한 에너지가 너무 커서 어른들도 플레이펌프를 이용해 물탱크를 채우기 힘들었다. 20리터의 물을 얻기 위해 손 펌프가 28초 걸린다면 플레이펌프는 3분 7초를 돌려야 했다. 단 한 번이라도 시제품을 만들어 현장에 적용해보았다면 이렇게 큰 실패를 하지는 않았을 것이다.

사회적 기업가를 꿈꾸는 이들이여, 문제의 해결책을 찾아내기 위한 관찰, 그리고 찾아낸 해결책이 현장의 필요에 부합하는지 알아내기 위한 검증을 잊지 말자!

사회적 기업

사회적 기업은 앞서 설명한 사회적 기업가가 운영하는 기업이라고 할 수 있다. 하지만 우리나라에서는 그 의미가 좀 더 좁혀져 있다. 2007년부터 고용노동부에서 일자리 창출 등을 위해 사회적 기업을 제도화하면서 인증제도를 도입했기 때문이다. 이에 따라 "사회적 기업 육성법" 제2조에 근거해 사회적 기업은 "취약계층에게 사회서비스 또는 일자리를 제공하거나 지역사회에 공헌함으로써 지역주민의 삶의 질을 높이는 등의 사회적 목적을 추구하면서 재화 및 서비스의 생산·판매 등 영업활동을 하는 기업으로서 사회적 기업으로 인증을 받은 자"이다. 여기서 취약계층이란 동법에 따라 "자신에게 필요한 사회서비스를 시장가격으로 구매하는 데에 어려움이 있거나 노동시장의 통상적인 조건에서 취업이 특히 곤란한 계층"을 말하며, 사회서비스란 "교육, 보건, 사회복지, 환경 및 문화 분야의 서비스, 그 밖에 이에 준하는 서비스"를 가리킨다.

2020년 12월 기준으로 사회적 기업의 현황을 살펴보면 다음과 같다.

2007년부터 총 3294개 기업이 사회적 기업으로 인증받았는데, 현재 2777(84.3%)개가 운영되고 있다. 3년을 기준으로 봐도 일반 기업이 창업 3년 이후까지 유지되는 수치가 38.2%인데 반해 사회적 기업은 91.8%가 운영되고 있다. 조직 형태별로 살펴보면 상법상 회사(61.9%), 민법상 사단법인 또는 재단법인(10.3%), 협동조합(8.6%) 순인데, 이는 2007년 사회적 기업이 시행될 당시에는 협동조합을 설립하기가 거의 불가능했기 때문이다. 2012년 12월부터 "협동조합기본법"이 시행되면서 그 이후 인증되는 사회적 기업의 경우 협동조합이 많은 비중을 차지하고 있다.

고용에 있어 사회적 기업은 총 5만 4569명을 고용하고 있으며, 이 중 취약계층이 3만 3123명(60.6%)이다. 사회적 기업은 장애인·경력보유여성·고령자 등 기존 노동시장에 진입하기 어려운 사람들에게 질 좋은 일자리를 제공하는 중요한 역할을 하고 있다. 2017년 기준으로 사회적 기업 성과분석 대상인 1825개 인증 사회적 기업 가운데 장애인을 고용한 곳은 593곳으로 32.5%에 이른다. 또한 일반 사업체 한 곳에서 평균 5.4명을 고용하는 데 비해 사회적 기업은 기업당 평균 19.7명을 고용해 높은 고용창출효과를 보이고 있다(2019년 말 기준).

사회적경제의 특성이 잘 담긴
협동조합 7원칙

: 예수가 겪은 '세 가지 유혹'

협동조합 7원칙은 국제협동조합연맹(International Co-operative Alliance, ICA)에서 1995년에 재정립하기도 했고, 우리나라 협동조합기본법에도 규정되어 있어 협동조합을 하려는 사람이라면 모두 알고 지켜야 하는 원칙이다. 구체적으로 ①자발적이고 개방적인 소합원 제도, ②조합원에 의한 민주적 관리, ③조합원의 경제적 참여, ④자율과 독립, ⑤교육, 훈련 및 정보 제공, ⑥협동조합 간의 협동, ⑦지역사회에 대한 기여 등이다.

이 원칙을 처음 접한 사람은 도덕 교과서에나 나올 법한 이야기 정도로 생각하기 쉽다. 하지만 여기에는 협동조합의 성격과 성공원리가 압축적으로 담겨 있다. 이번에는 예수가 광야에서 시험당했던 세 가지 유혹과 연결해 이야기해볼까 한다. 물론 종교적인 이야기는 아니고, 곱씹어볼수록 협동조합을 하려는 사람들이 경험하게 되는 유혹과 묘하게 연결되어서다.

광야에서 40일 동안 금식을 하고 있는 예수 앞에 사탄이 나타나 세 가지 유혹적 제안을 한다. 물론 예수는 이 세 가지 유혹에 넘어가지 않았다.

빵의 유혹, 협동조합이 겪는 자본의 유혹

먼저 예수가 배고픔에 시달릴 때 경험하는 빵의 유혹이 있다. 사탄은 "당신이 하느님의 아들이라면, 이 돌들을 빵으로 바꿔보시오"라고 유혹한다. 40일 동안 금식하고 가장 지쳐 있는 순간 사탄의 유혹이 달콤하게 다가오듯 협동조합을 설립하려는 이들역시 자본의 유혹을 받게 된다.

자본의 유혹은 두 가지 측면으로 구분할 수 있다. 창업자금 모금과정에서의 유혹과 이윤 배분과정에서의 유혹이 그것이다. 한 푼이 아쉬운 창업 상황에서도 협동조합은 한 조합원이 전체 출자금의 30% 이상을 출자하지 못하도록 한다(협동조합기본법 제22조 제2항). 출자금을 왕창 내고 싶다는 사람이 나타나도 현행법상

30% 이상 출자하지 못한다. 괜스레 법이 야속하게 느껴지는 순간이다.

하지만 우리가 협동조합을 하려고 하는 이유를 곰곰이 생각해보면 당연히 준수해야 할 협동조합의 원칙이다. 만약 한 조합원이 30% 이상의 금액을 출자하고 있다면 어떻게 될까? 이 조합원이 탈퇴하면 사업체의 물적 기반이 흔들려 금세 위기에 빠질 수 있다. 따라서 의사결정을 할 때 항상 실질적인 대주주에 해당하는 이 조합원의 눈치만 살피게 될 것이다. 돈이 우선이 아닌 사람이 우선인 기업을 하고자 협동조합을 시작했는데, 본래의 목적을 잊고 돈을 우선시하게 될 수 있다.

협동조합의 힘은 자본이 아닌 사람에 있다. 협동조합의 설립 목적에 동의하고 조합원으로서 의무를 다하는 자라면(동법 제20조), 정당한 사유 없이 조합원의 자격을 갖추고 있는 자에 대해 가입을 거절하거나 가입에 있어 다른 조합원보다 불리한 조건을 붙일 수 없다(동법 제21조: 협동조합 1원칙: 자발적이고 개방적인 조합원제도). 새로운 사람이 계속 들어오고 눈덩이 굴리듯 사람의 힘이 커져나갈 때 협동조합은 성장할 수 있다.

마찬가지로 이윤 배분에서도 협동조합은 출자금을 많이 낸 사람을 우선하지 않고 실제로 필요에 따라 그 사업을 이용한 사람을 우선시한다. 출자금에 대한 배당은 납입 출자금의 10% 이

하로 제한하고, 이용 실적에 대한 배당이 전체 배당의 50% 이상이 되도록 한다(동법 제51조 제3항). 역시나 자본을 많이 가진 사람을 우선하기보다 해당 사업을 정말 필요로 하고 자신의 시간과 돈을 들여가며 열심히 노력하는 사람을 우선하는 원칙이다(협동조합 3원칙: 조합원의 경제적 참여).

협동조합 역시 사업체로서 수익 창출이 중요하고 독립적이고 자율적으로 유지될 수 있는 안정적인 재정구조를 가져야 한다(협동조합 4원칙: 자율과 독립). 하지만 사람이 빵만으로 살지 않는 것처럼 협동조합 역시 자본에 매몰되어 더 중요한 사람을 잊어버려서는 안 된다.

기적을 행해보라는 유혹, 일확천금의 꿈

첫 번째 유혹이 실패로 돌아가자 사탄은 예수를 예루살렘 성전의 꼭대기에 세운 다음 "당신이 하느님의 아들이라면 여기서 뛰어내려보시오"라고 말한다. 협동조합도 성과에 대한 유혹을 많이 받는다. 2012년 12월 협동조합기본법이 시행되며 반찬가게 협동조합, 택시 협동조합, 예술인 협동조합 등 다양한 협동조합이 설립되었다. 언론에서는 협동조합이 실업난, 자영업의 위기,

두초 디 부오닌세냐(Duccio di Buoninsegna, 1255-1319)의 "광야에서 유혹받으시는 예수"(The Temptation of Christ on the Mountain, 1308-1311), 나무에 템페라, 미국 뉴욕, 프릭 컬렉션.

복지 문제를 모두 해결해줄 대안처럼 보도하기도 했다. 마치 몇년 전의 벤처창업 붐이 일었을 때 일확천금을 노리는 분위기와도 비슷했다.

하지만 협동조합을 한다고 해서 갑자기 수익이 확 늘어나거나 사회가 갑작스레 변하지도 않는다. 앞서 얘기한 것처럼 협동조합은 모두가 천천히 하지만 단단하게 나아가는 기업모델이기 때문이다. 그렇기에 지원자금을 받기 위해 급작스레 만들어진 협동조합은 오래가지 못한다. 물론 협동조합이 주식회사보다 강점을 보이는 영역들이 있지만, 협동조합을 통해 많은 돈을 벌 수 있으리라는 생각만으로 뛰어든 이들은 금방 실망하게 된다. 협동조합은 투자자를 위한 이윤 창출이 아닌 조합원들의 불편을 해소하고 나눔을 통해 공생을 모색하는 기업모델이기 때문이다.

협동조합은 황금알을 낳는 거위가 될 수 없다. 기적이 이뤄진다면, 그것은 오병이어와 같은 기적이 될 것이다. 빵 다섯 개와 물고기 두 마리로 5천 명의 사람이 배불리 먹을 수 있었던 건 처음 나눔이 시작되자 저마다 감춰뒀던 식량을 꺼내 함께 먹었기 때문이다.[12]

협동조합은 삶에 기반한, 공동의 필요에 따른 생산과 소비 방식이다. 이를 통해 전체 사회의 자원을 적정하게 사용할 수 있게 되고, 각자의 자원을 공유할 수 있다. 끊임없이 더 많은 돈을 벌어야 하고 더 많은 소비를 부추기는 욕망의 사회에서 필요에 따라 생산하고 소비하는 사회로의 전환이다.

이를 위해서는 함께 실천할 수 있는 동료가 필요하다. 따라서 협동조합은 개별 협동조합만 생각하지 말고, 협동조합 6원칙인 협동조합 간의 협동과(동법 제8조) 7원칙인 지역사회에 대한 기여(동법 제2조)를 위해 노력해야 한다. 협동조합 생태계를 구축하는 것이 협동조합의 성공적인 정착을 위해 무엇보다 중요하기 때문이다.

권세와 영광의 유혹, 사업체 운영에 대한 독점적 권한

두 번이나 패배한 사탄은 최후의 수단으로 예수를 아주 높은 산꼭대기로 데려간다. 그리고 산 밑 세상 모든 나라의 영광을 보여주면서 "온 세상이 다 보인다. 네가 내게 경배한다면 이 세계를 다스리는 왕으로 만들어주겠다"라고 유혹한다.

이와 연결되는 협동조합이 경험하는 유혹은 사업체 운영에 대한 독점적 권한을 행사하고 싶은 욕구다. 협동조합은 누구나 출자금액과 상관없이 하나의 의결권과 선거권을 갖는다(동법 제23조 제1항, 협동조합 2원칙: 조합원에 의한 민주적 관리). 또한 이사장이 아무리 훌륭해도 4년 범위에서 임기를 정해야 하고, 2차에 한해 연임할 수 있어 최대 12년 이상 역임할 수 없다(동법 제35조).

우리는 정치적으로는 민주주의를 당연하게 여기면서도 경제에 있어서는 여전히 독재를 바란다. 애플의 스티브 잡스(Steve Jobs), 마이크로소프트의 빌 게이츠(Bill Gates)와 같은 훌륭한 CEO가 기업을 성공시키고 많은 종업원의 생계를 책임진다고 생각한다.

하지만 협동조합을 하려는 사람들은 한 명의 뛰어난 천재보다 두 명의 보통 사람이 더 중요하다고 생각한다. 빨리 가기 위해 혼자 갈 수도 있지만 멀리 가기 위해 여럿이 함께 가려는 사람들이다. 결과적으로 내가 맞더라도 다른 사람의 생각을 존중하고, 지위와 부로 상대방의 의견을 누르려 하기보다 끊임없는 소통으로 상대방과 교집합을 만들어가려는 사람들이다. 협동조합을 하려는 이들은 사람 위에 사람 없고 사람 밑에 사람 없다고 생각한다.

협동조합 영화로 강력 추천되는 〈위 캔 두 댓!〉에서 이런 부분을 잘 볼 수 있다. 이 영화는 이탈리아에서 1981년에 설립된 논첼로라는 사회적 협동조합을 모티브로 삼았다. 논첼로는 정신과 의사 세 명과 치료를 받던 환자 여섯 명이 만든 협동조합이다. 정신병원 환자들과 장애인들은 처음에는 자기 의견을 표현하기 어려워하고 엉뚱한 이야기도 많이 한다. 하지만 시간이 흐르며 차츰차츰 의견을 내는 방법 그리고 이에 대해 책임지는 법을 배운다. 나중에 이들은 처음 협동조합 설립을 도왔던 노조 활동가와 반대되는 의견을 내고 이를 관철시키기까지 한다. 낙담한 노조 활동가에게 그의 친구가 말한다. "네가 원하던 바가 바로 이런 거 아냐? 저들이 이제야 진정한 협동조합의 주인이 되어 사실은 더 기쁘지?"

정치적 민주주의가 정착해가는 과정에서 보듯 협동조합에서도 처음에는 시행착오를 겪는다. 그러면서 배우고, 결국엔 집단지성의 힘을 발휘한다. 뛰어난 한 명이 그렇지 못한 다수를 이길 수 없다. 또한 자신들이 결정한 것이기에 실패에 대해서도 책임을 지고 다음번에 더 잘할 수 있는 힘을 얻는다. 이를 위해 무엇보다 조합원의 역량을 키워주기 위한 끊임없는 교육과 훈련이 중요하다. 또한 중요한 정보를 계속 공유해 조합원들이 올바른 결정을 할 수 있도록 노력해야 한다(협동조합 5원칙: 교육·훈련 및 정보제공, 동법 제7조).

협동조합의 특성을 예수의 세 가지 유혹과 비교해 설명해보았다. 협동조합을 하려는 이들은 이처럼 자본과 권력, 기적으로 사람을 다스리고 사회를 변화시키려는 유혹을 물리친 이들일 것이다. 그런 점에서 협동조합 7원칙은 협동조합을 협동조합답게 규정함과 동시에 협동조합이 성공하기 위해 반드시 지켜야 하는 원칙이다. 7원칙을 지킨다고 모두 성공하는 것은 아니지만 성공한 협동조합은 모두 7원칙을 준수하고 있다.

협동조합 7원칙

협동조합 원칙은 세계 각국의 협동조합을 대표하는 국제협동조합연맹(ICA)에서 정한 내용이다. 국제협동조합연맹은 1895년 창립 이후 109개 국가에서 300개가 넘는 협동조합 연합체들이 가입해 있는 10억 명 이상의 조합원을 대표하고 있으며, 우리나라에서도 농협, 신협, 아이쿱소비자생협연합회, 한국협동조합국제연대 등 일곱 곳이 가입되어 있다. 협동조합 원칙은 1937년과 1966년 두 차례에 걸쳐 공식 발표된 뒤 1995년에 시대 변화에 맞춰 새롭게 정립되었고, 최근에는 '지속가능성' 등을 추가하기 위해 논의 중이다.

아래의 7원칙 내용은 ICA의 이안 맥퍼슨(Ian Macpherson) 박사가 정리한 내용을 토대로 했으며,[13] 관련 원칙과 연계된 협동조합기본법 내용도 병행해 정리했다.

1. 자발적인 가입과 개방적인 조합원제도(Voluntary and Open Membership)

협동조합은 자발적 조직으로서, 성(性)적·사회적·인종적·정치적·종교적 차별을 두지 않고, 협동조합의 서비스를 이용할 수 있고 조합원으로서 책임을 다하는 모든 사람에게 개방된다.

> 제21조(가입) ①협동조합은 정당한 사유 없이 조합원의 자격을 갖추고 있는 자에 대하여 가입을 거절하거나 가입에 있어 다른 조합원보다 불리한 조건을 붙일 수 없다. ②협동조합은 제1항에도 불구하고 정관으로 정하는 바에 따라 협동조합의 설립 목적 및 특성에 부합되는 자로 조합원의 자격을 제한할 수 있다.

2. 조합원에 의한 민주적 관리(Democratic Member Control)

협동조합은 조합원에 의해서 관리되는 민주적인 조직으로서 조합원은 정책 수립과 의사결정에 적극적으로 참여한다. 선출된 임원은 조합원에게 책임을 지고 봉사한다. 단위조합에서 조합원은 동등한 투표권을 가지며(1인 1표), 연합 단계의 협동조합도 민주적인 방식으로 조직된다.

> 제23조(의결권 및 선거권) ①조합원은 출자좌수(투자할 시 넣은 구좌 수)에 관계 없이 각각 1개의 의결권과 선거권을 가진다.

3. 조합원의 경제적 참여(Member Economic Pticipation)

조합원은 협동조합의 자본 조달에 공정하게 참여하며 자본을 민주적으로 관리한다. 최소한 자본금의 일부는 조합의 공동재산으로 한다.

> 제22조(출자 및 책임) ①조합원은 정관으로 정하는 바에 따라 1좌 이상을 출자하여야 한다. 다만 필요한 경우 정관으로 정하는 바에 따라 현물을 출자할 수 있다. ②조합원 1인의 출자좌수는 총 출자 좌수의 100분의 30을 넘어서는 아니 된다.

4. 자율과 독립(Autonomy and Independence)

협동조합은 조합원들에 의해 관리되는 자율적인 자조 조직이다. 협동조합이 정부 등 다른 조직과 약정을 맺거나 외부에서 자본을 조달하고자 할 때는 조합원에 의한 민주적 관리가 보장되고 협동조합의 자율성이 유지되어야 한다.

> 제10조(국가 및 공공단체의 협력 등) ①국가 및 공공단체는 협동조합 등 및 사회적 협동조합 등의 자율성을 침해하여서는 아니 된다. ②국가 및 공공단체는 협동조합 등 및 사회적 협동조합 등의 사업에 대하여 적극적으로 협조하여야 하고, 그 사업에 필요한 자금

등을 지원할 수 있다. ③국가 및 공공단체는 협동조합 등 및 사회적 협동조합 등의 의견을 듣고 그 의견이 반영되도록 노력하여야 한다.

5. 교육, 훈련 및 정보 제공(Education, Training and Information)

협동조합은 조합원, 선출된 임원, 경영자, 직원들이 협동조합의 발전에 효과적으로 기여하도록 교육과 훈련을 제공한다.

협동조합은 일반 대중, 특히 젊은 세대와 여론 지도층에게 협동의 본질과 장점에 대한 정보를 제공한다.

제7조(협동조합 등의 책무) 협동조합 등 및 사회적 협동조합 등은 조합원등의 권익 증진을 위하여 교육·훈련 및 정보 제공 등의 활동을 적극적으로 수행하여야 한다.

6. 협동조합 간 협동(Co-operation among Co-operatives)

협동조합은 지역 및 전국 그리고 인접 국가 및 국제적으로 함께 일함으로써 조합원에게 가장 효과적으로 봉사하고 협동조합운동을 강화한다.

제8조(다른 협동조합 등과의 협력) ①협동조합 등 및 사회적 협동조합

등은 다른 협동조합, 다른 법률에 따른 협동조합, 외국의 협동조합 및 관련 국제기구 등과의 상호 협력, 이해 증진 및 공동사업 개발 등을 위하여 노력하여야 한다. ②협동조합 등 및 사회적 협동조합 등은 제1항의 목적 달성을 위하여 필요한 경우에는 다른 협동조합, 다른 법률에 따른 협동조합 등과 협의회를 구성·운영할 수 있다.

7. 지역사회에 대한 기여(Concern for Community)

협동조합은 조합원의 동의를 얻은 정책을 통해 그들 지역사회의 지속가능한 발전을 위해 노력한다.

제45조(사업) ①협동조합은 설립 목적을 달성하기 위하여 필요한 사업을 자율적으로 정관으로 정하되, 다음 각호의 사업은 포함하여야 한다.

1. 조합원과 직원에 대한 상담, 교육·훈련 및 정보제공 사업

2. 협동조합 간 협력을 위한 사업

3. 협동조합의 홍보 및 지역사회를 위한 사업

14

공동 노동과 생산의 가능성, 노동자협동조합

: 드라마 〈이태원 클라쓰〉

TV 드라마 〈이태원 클라쓰〉는 '다음'에서 연재된 작가 광진의 동명의 웹툰을 원작으로 했는데, 웹툰 작가가 드라마 대본도 집필해 웹툰의 재미를 잘 살렸다. 웹툰의 누적 조회수가 2.4억에 달할 만큼 인기가 높아 방영 전부터 드라마에 대한 기대가 높았다. 드라마는 아버지의 억울한 죽음을 복수하려는 단밤의 사장 박새로이(박서준 분)와 장가(長家)의 대결을 중심으로 하여 청춘의 열정과 사랑을 그린다.

드라마에서 시선을 사로잡는 것은 주인공이 차린 단밤 포차에서 일하는 사람들이다. 그들은 전과자, 다문화가정 자녀, 트랜스젠더, 소시오패스 등 사회적 소수자였다. 특히 트랜스젠더인 마현이(이주영 분)에 대해 부족한 요리 실력과 트랜스젠더라는 이유로 매니저가 해고를 요구하자 사장 박새로이는 월급을 두 배로 주면서 더 열심히 노력하라고 말한다. 사장의 신뢰를 바탕으로 마현이는 열심히 노력하고 결국 가장 중요한 순간 포차 경연 대회에서 우승을 한다.

사람을 고용하기 위해 빵을 만드는 기업

단밤의 이런 고용정책이 낭만적으로만 보일 수도 있다. 하지만 이미 우리 주위에는 이런 기업들이 많다. 바로 사회적 기업과 자활기업과 같은 사회적경제 기업이다. 사회적 기업에 대해서는 앞에서 살펴보았으니 여기서는 자활기업에 대해 소개하려 한다. 1997년 외환위기를 겪으며 갑작스레 늘어난 실업자와 노숙인들에게 직업훈련과 고용의 기회를 제공하는 기업들이 생겨났다. 바로 자활기업이다. 자활은 '제힘으로 살아감'이라는 의미로, 저소득층을 중심으로 노동을 통한 자립을 목표로 한다. 자활기업은 간병, 집수리, 청소, 폐자원 재활용, 음식물 재활용 등 여러 방면으로 사업을 확장하고 있다.

보건복지부는 자활기업 구성원 중 기초생활보장수급자 및

차상위자가 1/3 이상 등 일정한 요건을 갖춘 경우 창업자금 등을 지원한다. 2020년 말 전국적으로 자활기업은 1,062곳이며 기초생활보장수급자 등 1만 4916명이 고용되어 일하고 있다. 일반 기업이 빵을 만들기 위해 사람을 고용한다면, 자활기업과 사회적 기업은 사회에서 소외된 이들을 고용하기 위해 빵을 만든다.

'단밤'이 노동자협동조합이었다면

다만 드라마에서 아쉬운 부분은 대기업 장가와의 대결 구도가 중심이다 보니 단밤 포차 역시 프랜차이즈 대기업 'IC'로 성장하는 과정으로 전개되었다는 것이다. 대규모 투자를 받아 성장의 발판을 만들고 초기 구성원들은 대주주 또는 임원이 된다.

장가와의 대결에서는 이기지만 사실 단밤 포차의 기업 이념은 잘 드러나 보이지 않는다. 각 프랜차이즈에서는 단밤처럼 사회적 소수자를 적극적으로 고용할까? 초기 구성원들이 대주주 또는 임원이 되는 것이 장가와 다른 기업을 만든 것일까? 박새로이가 얘기했던 '소신에 대가가 없으며, 어떤 부당함도 당하지 않고, 누구에게도 휘둘리지 않는 삶의 주체가 각자가 되는 게 당연한' 그런 기업을 만든 것일까?

노동자협동조합이라면 어땠을까? 노동자협동조합은 노동자가 공동으로 기업의 주인이 되어 주인의식을 가지고 기업체를 운영하면서 함께 일자리를 만들어간다. 즉 사업체에 노동자로 고용되는 것이 아니라 노동자가 스스로를 고용하는 것이다. 따라서 노동자협동조합 조합원은 경영자이면서 동시에 노동자다. 청소원들이 협동조합을 만들어 지자체와 직접 계약하고, 택시 기사들이 택시회사를 인수해 만든 택시 협동조합이 바로 그런 사례다.

노동자협동조합은 공동 노동과 공동 생산을 통해 우리가 원하는 일터와 생산방식을 만들어낼 수도 있다. 예를 들어 출산이나 육아 등으로 경력이 단절되었던 여성들이 마음 맞고 뜻 맞는 사람들과 함께 하루에 4-5시간 일할 수 있는 마을의 일자리를 만들어내는 식이다.

단밤이 성장해 이루어진 대기업 IC와 같은 프랜차이즈 기업 해피브릿지가 있다. '국수나무'와 '화평동 왕냉면'으로 유명한 기업이다. 해피브릿지는 2013년 당시 연 매출 280억 원인 기업의 창업자들이 돌연 지분을 포기하고 노동자협동조합으로 전환했다. 노동자 스스로가 질 좋은 일자리를 창출하는 기업을 위한 결단이었다. 이들의 꿈은 과연 이뤄졌을까? 2018년 말 기준 국수나무 등 570개의 가맹점이 있으며, ㈜해피브릿지공주공장과 그 외

㈜HB외식창업센터 및 HBM협동조합경영연구소협동조합을 포괄하는 기업그룹을 만들었다. 자회사를 제외한 노동자협동조합의 총 매출은 514억 원이다. 직원 수는 117명이며, 이중 조합원은 94명이다.

물론 사회적으로 일자리를 찾기 어려운 이들을 적극 고용하는 사회적경제 기업과 노동자가 주인이 되는 협동조합은 경제적 가치와 함께 사회적 가치도 함께 추구해야 하기에 일반 영리기업에 비해 어려움도 많이 겪는다. 두 마리의 토끼를 함께 잡아야 한다고 할까. 하지만 단밤처럼 다른 곳에서 노동의 기회를 갖지 못했던 이들이 끈끈한 신뢰를 바탕으로 제대로 실력을 발휘하는 경우도 많다. 이를 위해 여러 어려움에도 불구하고 사회적경제 기업 또는 협동조합을 만들어 함께 일하는 터전을 만들어나가는 것이다. 지금도 현장에서 고군분투하는 수많은 사회적경제 기업에게 〈이태원 클라쓰〉에 나오는 다음 시를 바친다. 당신들은 '다이아'다.

뜨겁게 지져봐라

나는 움직이지 않는 돌덩이

거세게 때려봐라

나는 단단한 돌덩이

깊은 어둠에 가둬봐라

나는 홀로 빛나는 돌덩이

부서지고 재가 되고 썩어버리는

섭리마저 거부하리

살아남은 나

나는 다이아.

협동조합 유형

협동조합의 기본 유형으로 소비자협동조합, 노동자협동조합, 사업자협동조합이 있다. 소비자협동조합은 앞서 설명한 생협처럼 소비자들이 물품을 공동으로 구매하거나 생산자와 직거래를 하는 협동조합이다.

사업자협동조합은 자영업자, 프리랜서 등 사업자들이 공동의 수익 창출을 위해 만든 협동조합이다. 개인사업을 하는 자영업자들이 혼자서는 하기 힘든 홍보나 유통, 설비 이용 등을 공동으로 해나간다. 프랜차이즈 빵집에 맞서 동네 빵집 다섯 곳 이상이 모여 공동 작업장에서 다양한 빵을 생산하거나 공동으로 빵의 재료인 단팥 등을 저렴하게 만드는 방식이다. 프리랜서의 경우 협동조합을 만들어 혼자서는 하기 어려운 영업을 하거나 콘텐츠를 공동 생산할 수 있다. IT 기술자, 통·번역사, 강사 등이 그 예다.

이러한 소비자, 노동자, 사업자 중 두 개 유형 이상이 결합된 협동조합이 다중이해관계자 협동조합으로, 앞에서 언급한 꾸러미 농산물 협동조합이 그러한 예다. 다중이해관계자 모델을 취하되 공익성이 더 강화된 형태가 사회적 협동조합이다. 협동조합 자체가 이미 공동체 및 사회와 관련성이 큰데 한 번 더 '사회적'이란 말을 강조한 것에서 알 수 있듯이 사회적 협동조합은 사회적 목적이 더 강화된 것이다.

사회적 협동조합은 공익사업 의무가 있어서 전체 사업의 40% 이상을 공익사업으로 수행해야 하며 배당도 금지되어 있다. 지역 주민들의 권익·복리 증진과 관련된 사업을 수행하거나 취약계층에게 사회서비스 또는 일자리를 제공하는 등 영리를 목적으로 하지 않는 활동을 하는 협동조합이라 할 수 있다. 정신장애인들을 적극 고용한 이탈리아의 논첼로 사회적 협동조합이 그러한 사례다.

추천하는 사회적경제 이론서

《사회연대경제》

자끄 드푸르니·마르뜨 니센 외 지음, 김신양·엄형식 역, 착한책가게, 2021.

사회적경제를 연대경제와 포괄하여 시장 논리와 비시장 논리, 나아가 비화폐 논리를 조율하는 제3섹터가 지닌 다원적 경제의 관점과 실천에 대한 학술서. 사회적경제 대표 학자인 자끄 드푸르니 외에 불어권 유수의 연구자들이 참여한 공동 작업물이다.

《한국 사회적경제의 역사》

김신양·신명호·김기섭·김정원·황덕순 지음, 한울아카데미, 2020.

사회적경제에서 활동하는 이론가들이 사회적경제가 한국 사회에 어떻게 뿌리내렸는지 살펴보는 동시에 자활기업, 협동조합, 사회적 기업, 마을공동체 부문별 역사에 대해서도 제도적 측면과 운동적 측면 등 다양한 각도에서 재조명하는 책. 한국의 사회적경제가 앞으로 튼실한 발전을 이루기 위해 해결해야 할 과제를 진단한다.

《자유로서의 사회적경제》

김종걸 지음, 북사피엔스, 2020.

저자 김종걸 교수는 한양대학교에서 2015년부터 글로벌사회적경제학과를 개설해 관련 과목을 담당하고 있으며, 사회적경제 현장 활동가들의 공부 모임인 미래혁신학교도 꾸준히 운영하고 있다. 사회적경제의 개념과 역사적

의의뿐만 아니라 사회적경제에 대한 정부의 지원정책, 사회적경제의 중간 지원조직 등 다양한 주제를 망라하면서도 독자들이 이해하기 쉽게 쓰였다.

《협동조합 비즈니스 전략》

장종익 지음, 디자인커서, 2014.

저자 장종익 교수는 1994년 한국협동조합연구소를 설립해 초대 사무국장과 소장으로 2003년까지 역임했으며 2012년 3월부터 한신대학교에서 협동조합 및 사회적경제에 대해 강의하고 있다. 이 책은 협동조합에 관한 종합 입문 및 경영 원론서다. 협동조합의 개념, 유형별 비즈니스 모델의 특징 및 성공 조건, 그리고 성공 사례 등 세 가지 요소를 상호 연계해 협동조합에 관한 체계적 인식을 갖도록 안내한다.

1. 영국 협동조합운동 선구자의 한 사람이었던 조지 제이콥 홀리요크 (George Jacob Holyoake, 1817-1906)가 기록한《로치데일공정선구자 협동조합: 역사와 사람들》(정광민 역, 그물코, 2013)을 참조하라.

2. 조윤득·윤은경(2015), "독거노인의 우울·불안감과 사회참여와의 관계에 미치는 지역사회 공동체 의식의 매개효과", 〈노인복지연구〉 70(0), 223-244.

3. 엘리너 오스트롬,《공유의 비극을 넘어: 공유자원 관리를 위한 제도의 진화》, 윤홍근·안도경 역(랜덤하우스코리아, 2010).

4. 〈서울경제〉, "음울한 자본주의…1833년 공장법"(2017년 8월 29일). https://www.sedaily.com/NewsVIew/1OJXTNHFRS

5. 이영석(2020), "근대 영국사회와 아동노동, 〈영국사학회〉 43(0), 1-20.

6. 〈이로운넷〉, "'가난은 죄가 아닙니다'…빈곤층 교도소행 막는 장발장 은행"(2021년 1월 7일). https://www.eroun.net/news/articleView.html?idxno=22115

7. 한국의료복지사회적협동조합연합회(2020), "2020년 사회적경제 시민체

감도 향상을 위한 연구", 의료사협 중심의 지역 특화 통합돌봄 모델 연구.

8. 〈뉴데일리경제〉, "시대적 흐름과 부작용 사이… '비대면 진료' 육성책", 2020년 9월 16일. http://biz.newdaily.co.kr/site/data/html/2020/09/16/2020091600029.html

9. 〈중앙일보〉, "배추 1포기 1600원…생협은 채소 파동 몰랐다", 2010년 10월 20일. https://news.joins.com/article/4546543

10. 〈한국공제신문〉, "세계적인 보험사들도 태생은 공제조합이었다", 2020년 6월 10일. https://www.kongje.or.kr/news/articleView.html?idxno=602

11. 〈한국공제신문〉, "한국 협동조합 현황과 공제사업의 전망3", 2020년 4월 6일. https://www.kongje.or.kr/news/articleView.html?idxno=486

12. 이러한 해석은 도올 김용옥의 《요한복음강해》(통나무, 2007)에도 나오지만, 정진석 추기경도 한 인터뷰에서 "예수님의 기도를 듣는 순간 사람들의 마음이 열린 겁니다. 그래서 저마다 품 안에 숨겨두었던 도시락을 꺼냈던 거죠. 그리고 낯선 사람들과 나누기 시작한 겁니다. 자신이 굶을 수도 있는 상황인데도 말이죠. 그렇게 나누고 남은 게 열두 광주리를 채웠다는 겁니다. 거기에 '오병이어' 일화의 진정한 뜻이 있습니다"라고 얘기했다(〈중앙일보〉, "나누세요 넉넉해집니다 그것이 '오병이어의 기적'입니다"(2009년 1월 1일). https://news.joins.com/article/3441013

13. 《성공하는 협동조합의 7가지 원칙》, 장종익·김신양 역(한국협동조합연구

소, 2001).

어서 와, '사회적경제'는 처음이지?

초판 1쇄 발행	2021년 9월 2일
초판 4쇄 발행	2024년 9월 11일

지은이	주수원
디자인	스튜디오 진진
펴낸곳	이상북스
펴낸이	김영미

출판등록	제313-2009-7호(2009년 1월 13일)
주소	10546 경기도 고양시 덕양구 향기로 30. 106-1004
전화번호	02-6082-2562
팩스	02-3144-2562
이메일	klaff@hanmail.net
ISBN	978-89-93690-82-8 (03300)